Lost & Dark Places
Köln

Der Innenhof
von Alt St. Alban (Kapitel 14)

Bettina Sons & Manuel Jansen

Lost & Dark Places
KÖLN

33 vergessene, verlassene und unheimliche Orte

BRUCKMANN

↑ Wirtschaftsgebäude des ehemaligen Freibads in den Riehler Rheinauen (Kapitel 5)
↓ Blick durch ein zerschlagenes Fenster in die KHD-Hallen (Kapitel 8)
↘ Alte Pferdeboxen im rechtsrheinischen Fort IX (Kapitel 10)

INHALT

33 LOST & DARK PLACES

↑ Das älteste erhaltene Stadion Deutschlands ist völlig überwuchert (Kapitel 26).
↗ Ein verrostetes Schild im Friedenspark zeigt den Hochwasserstand am 29.11.1892 an (Kapitel 16).

VORWORT

Dass Köln nicht nur aus Dom, Kölsch und Karneval besteht, dürfte sich inzwischen herumgesprochen haben, Touristen besuchen gerne viele der Kirchen und Museen. Doch Lost & Dark Places? Düstere Orte, um die sich gruselige Legenden ranken, kann sich der Tourist noch vorstellen. Wo soll es denn in einer Großstadt verlassene Gebäude oder Orte geben? Mancherorts, wie bei den alten Fabrikgebäuden der Firma Klöckner-Humboldt-Deutz, werden sie in moderne Gebäudekomplexe integriert. Anderenorts, etwa vom Kölner Tivoli oder dem Riehler Freibad, sind nur noch fragmentartige Teile in Parks erkennbar. Und bei manchen Komplexen muss man zweimal hinsehen, um die Geschichte nachvollziehen zu können. So waren zum Beispiel sowohl die Merheimer Klink als auch die Motorworld am Butzweilerhof einmal Flughäfen. An letzterem Ort haben die Stadtplaner immerhin versucht, noch etwas Flughafenflair zu erhalten: In Ossendorf am Butzweilerhof steht nicht nur ein altes Flugzeug auf dem Gelände, auch die umliegenden Spielplätze widmen sich dem Motto Airport. Das ehemals militärisch genutzte Fort I steht nun im Mittelpunkt des Friedensparks. Die Südbrücke wird zwar noch als Brücke genutzt, aber ihre stattlichen Pfeiler gleichen nicht nur wegen der Graffitis manchen Lost Places. Der als Hochbunker errichtete Winkelturm in der ehemaligen Glanzstofffabrik,

Im ehemaligen Westerndorf Carson City in Köln-Roggendorf haben Vandalen einige Hütten in Schutt und Asche gelegt (Kapitel 32).

mit der Konrad Adenauer sich beim Aktienkauf auf Kredit verspekulierte, trotzte nicht nur den Luftangriffen im Zweiten Weltkrieg, sondern auch dem Abriss der umstehenden Hallen. Gänzlich verlassen sind hingegen die erst in den 1980er-Jahren errichtete BMX-Bahn in Vogelsang und das nicht wesentlich ältere Westerndorf »Carson City« am Stadtrand in Roggendorf. Unsäglich auch das Schicksal der ältesten erhaltenen Fußballtribüne Deutschlands an der Galopprennbahn in Weidenpesch, für die sich zwar immer wieder einige Bürger und Politiker eingesetzt haben, die derzeit aber trotz des Denkmalschutzes endgültig zu verfallen droht.
An manchen Stellen wundert sich der Passant, weshalb eine alte Kuriosität am Wegesrand zu sehen ist, so beispielsweise bei dem Luftschiffanker, einem meterhohen Stein mit Metallöse, der am Rand der Matthias-Brügen-Straße vor einer Halle des Abschleppdienstes Colonia steht, oder bei einem Geländer mitten in den Riehler Rheinauen, das vor 50 Jahren inmitten des Kölner Tivolis die Terrasse des Wiener Cafés einfasste. In der Heliosstraße in Ehrenfeld endet sogar eine Schienentrasse mitten auf dem Bürgersteig, ohne dass dies für den Passanten erklärbar wäre. Daneben steht ein Leuchtturm!
Andererseits ranken sich düstere Legenden um Plätze, die jeder Kölner schon zigmal passiert hat, ohne von ihrer Geschichte auch nur zu ahnen. So sollen im Kunibertstürmchen am Konrad-Adenauer-Ufer Delinquenten nicht nur eingesperrt, sondern durch eine Weckschnappfalle auch grausam aufgeschlitzt und hingerichtet worden sein. Einheimische wie Touristen gehen achtlos an der Blutsäule in St. Gereon vorbei, ohne sich bewusst zu sein, dass dieser nachgesagt wird,

sie könne Gut und Böse unterscheiden, weil sie mit dem Blut von Märtyrern bespritzt wurde. Ein äußerlich unscheinbarer Raum im Ursulakloster ist innen imposant und prachtvoll mit den Knochen von angeblich 11.000 Jungfrauen ausgestattet, die noch heute von den elf Tropfen, Flammen oder Tränen (so die offizielle Bezeichnung auf der Website der Stadt Köln) im Wappen der Stadt repräsentiert werden.
Ein Serienmörder mordete in der Mülheimer Keupstraße, lange bevor diese ihre landesweite tragische Bekanntheit durch die Terroristen der NSU erzielte. Auch der erste Amoklauf in der damals noch jungen Geschichte der Bundesrepublik Deutschland fand in Köln statt: Im Vorort Volkhoven tötete ein geistig verwirrter Attentäter mit einem selbst gebauten Flammenwerfer und einem Dreizack acht Schüler und zwei Lehrerinnen, bevor er sich mit Pflanzengift das Leben nahm.
Düster sind natürlich immer auch Friedhöfe, erst recht, wenn wie beim Melaten gruselige Geschichten hinzukommen oder sie inzwischen verlassen sind – wie der Decksteiner Friedhof. Mulmig wird bestimmt auch manchem, der in 25 Meter Tiefe unter dem Rhein in einer im Innendurchmesser drei Meter kleinen Röhre spazieren gehen muss und die Schiffe über sich fahren hört.
Mit diesem Buch lernen Sie Köln von einer ganz anderen Seite kennen. Wir haben uns von den herkömmlichen Objekten der Begierde ab- und den verlassenen, düsteren und abwegigen Objekten zugewandt und dabei einiges über die Geschichte Kölns und einiger Kölnerinnen und Kölner kennengelernt. Bei all denen, die uns dabei unterstützt haben, möchten wir uns herzlich bedanken: bei Tim Farin für die Vermittlung sowie das Gegenlesen der Berichte, bei Anne Colonia (annecolonia.koeln), die uns dank ihrer Stadtführungen unter dem Motto »Stadtspaziergang mit Herz & Seele« mit Rat, Tat, Wort und Bild zur Seite stehen konnte, und bei Herbert Jansen für seine ständigen Ideen und Vorschläge. Ein spezieller Dank gebührt last but not least unseren Eltern, Geschwistern sowie Jona & Mika, die uns immer restlos unterstützen. Viel Spaß beim Entdecken dieses Kölns auf den nachfolgenden Seiten!

Heute belagern nur noch friedliche Tauben den aus Kanonenkugeln gegossenen Adler im Friedenspark (Kapitel 16).

Streetart in einem alten Viaduktbogen unter dem Leuchtturm in der Heliosstraße in Köln-Ehrenfeld (Kapitel 21)

VERHALTENSREGELN FÜR LOST PLACES

1. Behandeln Sie die Orte mit Respekt

Jedes Bauwerk und jedes Gebäude erzählt eine Geschichte aus vergangenen Tagen. Dies gilt es zu schützen. Und auch wenn es teilweise nicht so aussieht, aber jeder dieser Lost Places hat einen Eigentümer. Das sollte respektiert werden. Das beinhaltet vor allen Dingen, dass nichts zerstört oder gewaltsam geöffnet wird. Sind Fenster oder Türen verschlossen, sollte das auch so bleiben. Gehen Sie respektvoll mit dem Ort um.

2. Nehmen Sie nichts mit, lassen Sie nichts da

Wenn Sie etwas von einem Lost Place mitnehmen, und sei es noch so klein, ist es Diebstahl. Wie bereits in Punkt 1 gesagt, alle diese Orte haben einen Eigentümer. Daher gilt die Regel: Alles bleibt, wie es ist. Belassen Sie es bei den schönen Einblicken und Fotos, die Sie an dem Ort machen. Gleiches gilt auch umgekehrt: Lassen Sie nichts liegen. Keine Essensreste, keine Kaugummis, keine Kippenstummel.

Eine verzierte Außenwand
im Fort IX (Kapitel 10)

3. Rauchen verboten

Das bringt uns zum nächsten Punkt: Rauchen verboten. Zollen Sie dem ehrwürdigen Ort Respekt und verzichten Sie für die Zeit, die Sie da sind, auf Rauchen. Kippenstummel brauchen nicht nur 15 Jahre zum Verrotten (sie sollten übrigens nirgends achtlos weggeworfen werden), sondern können schnell ein Feuer verursachen.

4. Keine Graffiti

Dass Sie nichts hinterlassen sollen, gilt auch für Kunstwerke an den Wänden. Man sprüht einfach nicht auf fremdes Eigentum, sei es noch so schön. Lassen Sie die Wände wie sie sind, sodass auch noch Menschen nach Ihnen den Ort so erleben können, wie er früher einmal war.

5. Seien Sie vorsichtig

Vorsicht ist besser als Nachsicht. Das gilt vor allem bei Lost Places. Marodes Holz, verrostete Geländer, einsturzgefährdete Decken, lockere Böden (teilweise befinden sich noch Kellergeschosse darunter), eingeschlagene Fenster – die Liste der Gefahren solcher Orte ist lang. Seien Sie daher immer wachsam. Begeben Sie sich niemals in Gefahr für das eine Foto. Das ist es nicht wert. Treppen und obere Etagen sind eine gängige Gefahrenquelle. Schauen Sie sich den Zustand der Treppe und der Decke genau an. Nehmen Sie auch eine Taschenlampe für dunkle Räume und Keller mit.

6. Gehen Sie nicht allein

Es ist ratsam, immer mindestens zu zweit, besser noch zu dritt, einen Lost Place zu besuchen. Da gilt die alte Regel: Ist eine Person verletzt, bleibt die zweite vor Ort und die dritte holt Hilfe. Zudem weiß man nie, wen man vor Ort trifft. Plünderer, Spinner und betrunkene Jugendliche sind auch oft in Lost Places anzutreffen. Da ist es beruhigender, nicht allein unterwegs zu sein.

7. Erregen Sie kein Aufsehen

Da viele Lost Places in Privatbesitz sind, gilt hier »Betreten verboten«. Auch wenn das Tor angelweit aufsteht oder ein riesiges Loch im Zaun ist. An Orten, an denen das Zugangsrecht nicht ganz klar ist, ist es ratsam, sein Auto nicht direkt vor dem Gelände zu parken. Schauen Sie beim Betreten des Geländes auch immer, dass Sie niemand sieht. So vermeiden Sie unerwünschte Begegnungen und mögliche Konfrontationen mit der Polizei.

Ausrüstung

Wir empfehlen Folgendes:

- Festes Schuhwerk, hohe Socken (Schutz vor Zecken)
- Reißfeste Kleidung, ggf. leichte Regenjacke
- Kamera inkl. Zusatzakku, Speicherkarten, Stativ
- Proviant und Getränke (nehmen Sie aber alles wieder mit)
- Kopf- oder Stirnlampe für freie Hände
- Taschenlampe mit weitem Winkel für Keller und dunkle Räume
- Taschenmesser
- Aufgeladenes Handy (ggf. Powerbank)
- Notizblock und Stift
- Pflaster und Taschentücher
- Mücken- und Zeckenspray

Trau-Ort der Western-Enthusiasten – die Kapelle von Carson City (Kapitel 32)

Die Nachbildung der Skulptur
»Trauerndes Elternpaar« von Käthe Kollwitz (Kapitel 14)

1

KNOCHENMOSAIKE DER 11.000 JUNGFRAUEN

Die Goldene Kammer der Kirche St. Ursula

Völlig überrumpelt wird man von seinen Gefühlen, wenn man die unscheinbar in einer kleinen Kapelle gelegene Goldene Kammer betritt – unter Kölnern auch einfach nur »Knochenkammer« genannt. Zu Recht, denn im Inneren sind Tausende Knochen zu sehen.

Adresse Ursulaplatz, 50668 Köln **GPS** 50.945685, 6.953926
Anfahrt Mit fast allen Bahnlinien bis Dom/Hauptbahnhof

Schriftzüge aus vielen Einzelknochen lassen einen in der goldenen Kammer erschauern.

EINE MAKABRE KAPELLE Betritt man die Kirche St. Ursula durch die Hauptpforte, steht man zunächst in einem Vorraum mit Informationstafeln über die Geschichte des Gebäudes. Zur Rechten befindet sich eine unscheinbare Metalltüre, durch die man eine Goldene Kammer betreten kann. Doch als wir dies tun, läuft es uns kalt den Rücken hinunter. Da wir in der Dunkelheit dort sind, dringt kein Licht in den kleinen Raum und es scheint, als würden uns Hunderte Schädel mit ihren leeren Augenhöhlen anstarren. Über 600 Schädel kann man in der sogenannten »Knochenkammer« betrachten, alle hinter mundgeblasenen Glasscheiben und mit kunstvoll verzierten und wertvollen Brokatmasken verhüllt, eingerahmt von goldenen Schnitzereien. Doch nicht nur die Köpfe sind zu sehen, sondern eben auch die Arm-, Bein-, Becken- sowie Rippenknochen der Toten. Alle Knochenteile sind nach ihrer Funktion im Körper sortiert und mit feinem Draht an den Wänden kunstvoll zu Ornamenten angeordnet. So gibt es Blumenmuster oder fantasievolle Mosaike zu betrachten. Teilweise bilden sie auch Buchstaben, sodass dort unter anderem an der Wand in lateinischer Sprache zu lesen ist: »*S. Ursula pro nobis ora*« (»Heilige Ursula, bitte für uns«). Zudem sind 118 Reliquienbüsten vorhanden, teilweise mit sichtbaren Hohlkörpern, in denen ebenfalls Gebeine zu finden sind. Was uns Gänsehaut verursacht, war für Menschen früher ein Kraftort. Sie gingen dorthin, um die Knochen mit geweihten Gegenständen zu berühren und so etwas von der Kraft der Märtyrerinnen zu bekommen, von denen die Knochen und Schädel stammen. Allen Büsten gemeinsam ist der durchaus freundliche Gesichtsausdruck, der den Gläubigen zeigen sollte, wie selig machend es ist, in den Himmel aufgenommen zu werden, und ihnen den Schrecken vor dem Tod nehmen sollte; schließlich wurden die Worte

Mit fröhlichem Gesicht sehnt sie sich nach der Aufnahme im Himmel.

»*Memento Mori*« (»Bedenke, dass du sterblich bist«) gerade zu Zeiten des Barocks immer wieder betont. In der Mitte der Kapelle, die im Schachbrettmuster gefliest wurde, befindet sich ein Altar, und auch hinter diesem ragen die Knochen bis zur Decke.

11 ODER 11.000 JUNGFRAUEN? Schenkt man der Legende Glauben, sind dies die sterblichen Überreste der heiligen Ursula und ihrer Gefolgschaft, die aus zahlreichen Jungfrauen bestand – 11.000 sollen es gewesen sein. Ursula war eine christliche bretonische Königstochter, die im 4. Jahrhundert n. Chr. lebte und auf Anordnung ihres Vaters einen ungläubigen englischen Königssohn heiraten sollte. Sie willigte nur unter der Bedingung ein, dass dieser sich taufen ließe und sie selbst vorher drei Jahre lang in Begleitung von zehn Gefährtinnen und 11.000 Jungfrauen pilgern dürfe. Während dieser Wallfahrt, die sie nach Rom führen sollte, kam die Pilgergruppe auch an Köln vorbei, wo alle als Märtyrerinnen starben, nachdem sie von den Hunnen, die im 5. Jahrhundert die Stadt regierten, angegriffen und niedergemetzelt worden waren. Nur Ursula kam zunächst mit dem Leben davon, weil sich der Hunnenkönig in sie verliebte. Doch als sie seiner Aufforderung, ihn zu heiraten, nicht nachkam, wurde auch sie schlussendlich durch einen Pfeil getötet. Der römische Senator Clematis ließ zum Gedenken an die getöteten Frauen im 12. Jahrhundert die dreischiffige Kirche errichten. Doch es ist sehr viel wahrscheinlicher, dass es nicht 11.000, sondern nur elf Jungfrauen waren, denn nach dem Zweiten Weltkrieg fand man genau diese Anzahl an Gräbern in der Kirche. Bei einer Erweiterung der Stadtbefestigung im 12. Jahrhundert wurden allerdings weitere Berge von Knochen ausgegraben. Damals dachte man dabei wirklich an Ursulas Begleiterinnen, wahrscheinlicher ist aber, dass es die Überreste eines Friedhofs waren, der sich an ebendieser Stelle befunden hatte. Zudem könnte sich ein »Lesefehler« eingeschlichen haben, sodass aus dem »XIM«, welches für »11 Märtyrerinnen« stand, ein »11 milia«, also »11.000« wurde. Die Masse an Märtyrerinnen machte Köln dann natürlich zu einem wichtigen Wallfahrtsort, und auch Ursula wurde berühmt, was auch nicht zu verachten war.

IM STADTWAPPEN VEREWIGT Im 17. Jahrhundert stiftete der reiche Kölner Ratsherr Johann Baptist von Crane mit seiner Ehefrau die Goldene Kammer. Fast 90 Prozent der Stadt Köln wurden im Zweiten Weltkrieg zerstört, und auch St. Ursula bekam einen Treffer ab. Die Kammer allerdings blieb wie durch ein Wunder unbeschädigt. Die heilige Ursula ist heute die Kölner Stadtpatronin und die elf Flammen – oder auch Tränen – im Stadtwappen sollen ihre Gefolgschaft, die 11(000) Jungfrauen, symbolisieren.

Hinter den Gittern sind die wertvollen Brokatmasken gut zu erkennen.

In der Schreckenskammer

Nach dem Grusel in der Knochenkammer können Sie in die nur wenige Meter entfernte »Schreckenskammer« wechseln. Sie liegt direkt gegenüber auf dem Ursulaplatz und garantiert – ganz entgegen ihrem Namen – eher Erholung vom vorhergehenden Schrecken. Das Kölner Brauhaus (schreckenskammer.com) lockt bei schönem Wetter auch mit einem Biergarten, immer aber mit Kölner Spezialitäten und anderer Hausmannskost. Hier wird nach eigenem altem Rezept das hauseigene Kölsch gebraut, das als Besonderheit ohne Kohlensäure abgefüllt wird. Laut Angaben auf der Webseite des Brauhauses wurden die verurteilten Gefangenen auf dem Weg zur Richtstelle (»Weckschnapp«, siehe Seite 20) hierher gebracht , um noch eine Henkersmahlzeit zu sich zu nehmen. Übrigens: Der Boden wird hier nur mit Sand gereinigt – erschrecken Sie also nicht, wenn es unter Ihren Schuhen ein wenig knirscht.

Unzählige Knochen bilden den Hintergrund für opulent verzierte goldene Ornamente.

Das Kunibertstürmchen am Rheinufer ist eingebettet zwischen alten und neuen Häusern.

2

VERHUNGERT, ERSTOCHEN, ERTRUNKEN?

Die Weckschnapp-Sage vom Kunibertstürmchen

Ganz unschuldig und fast unauffällig steht das Kunibertstürmchen am Rheinufer, etwa in Höhe des nach ihm benannten Thürmchenswalls. Um dieses Türmchen rankt sich allerdings eine grausame Sage über Verrat, Folter und Flucht.

Adresse Konrad-Adenauer-Ufer 69A, 50668 Köln **GPS** 50.949299, 6.965373
Anfahrt Mit der Buslinie SB40 bis St. Vincenz-Haus; mit der Stadtbahnlinie 4, 12, 15, 16 bis Ebertplatz

TEIL DER STADTMAUER Ursprünglich war das 17 Meter hohe Türmchen zusammen mit dem Kunibertsturm und dem Ark Gegenstand der ab dem Jahr 1180 gebauten mittelalterlichen Stadtmauer. Beim Ark handelte es sich um ein im Rhein stehendes turmartiges Element, das mit dem Kunibertsturm über einen Bogen (einen Wehrgang) verbunden war und so ein Tor bildete, durch welches Besucher etwa entlang der heutigen Straße am Konrad-Adenauer-Ufer in die Stadt gelangen konnten. Die Torbogenanlage gehörte zur Pfarrei St. Kunibert, was den Ursprung des Namens erklärt. Der Ark stürzte allerdings im Jahr 1784 aufgrund einer Eis- und Hochwasserkatastrophe in den Rhein, und der Kunibertsturm wurde im Jahr 1891 abgerissen, nachdem die Stadtmauer bereits im Jahr 1881 diesem Schicksal anheimfiel. Was blieb, war nur noch das kleinere Kunibertstürmchen, in dem die Weckschnapp-Sage verortet ist.

»SCHNAPP DAS BROT!« Nach dieser erstmals im Jahr 1826 von Ernst Weyden festgehaltenen düsteren Sage wurden Delinquenten aus gehobenen Kreisen von sogenannten »heimlichen Gerichten« zunächst im Kunibertsturm gefoltert, bevor sie eingesperrt und auf grausamste Weise hingerichtet wurden: Man gab ihnen weder zu essen noch zu trinken, hängte ihnen aber schrecklicherweise einen Laib Brot – auf Kölsch einen »Weck« – von der Dachkonstruktion herunter, gerade so hoch, dass sie ihn nur durch einen Sprung erreichen konnten. Sobald der völlig ausgehungerte Gefangene jedoch nach diesem »Weck« sprang, öffnete sich unter ihm eine Falltür, die ihn direkt in den Rhein beförderte. Na ja, fast direkt … vorher musste er noch einen langen, schmalen Schacht passieren, in dem an allen Seiten Messer befestigt waren, die den armen Wicht rundum aufschlitzten und zerstückelten. Erst nach dieser peinvollen Prozedur gelangte er ins kühle Rheinwasser, wo er, sofern er nicht ohnehin bereits gestorben war, schließlich jämmerlich ertrank.

DER EINZIGE ÜBERLEBENDE Gerüchten zufolge soll es lediglich eine Person geschafft haben, das Kunibertstürmchen lebendig wieder zu verlassen: der schlanke Sohn einer reichen Witwe, die so überaus geizig war, dass sie damit ihre Söhne zum Gegenteil erzog – sie wurden richtig verschwenderisch. Besagter Sohn gab also all sein Geld aus, und als er auch von seiner Mutter nichts mehr bekam, machte er Schulden und bestahl seine eigene Mutter. Diese wusste sich nicht mehr anders zu helfen, als ihren eigenen Sohn schließlich anzuzeigen. Viele Tage lang hielt dieser die Hungertortur durch, doch dann wagte auch er den gefährlichen Sprung. Er war aber be-

Fanden hinter diesem Eingang tatsächlich viele Menschen qualvoll ihren Tod?

reits so abgemagert, dass ihm die Messer nichts mehr anhaben konnten und er nahezu unversehrt über den Fluss Richtung Norden entkam. Davon wusste die arme Mutter jedoch nichts. Sie kam vor Gram fast um, verschenkte angeblich ihr gesamtes Vermögen an Arme, hatte schließlich selbst nichts mehr zum Leben und musste betteln gehen. Der Sohn aber, der nach seiner Rettung von wohlmeinenden Menschen aufgenommen worden war und so wieder zu neuen Kräften gefunden hatte, wurde dank seiner Vorbildung ein Kaufmann und heiratete sogar in eine reiche Familie ein. Er dachte oft an seine Mutter, begann sie zu suchen und fand sie schließlich wieder. Die Freude war so groß, dass die beiden einander alles vergaben. Nachzulesen ist die Sage mit dem Happy End, die von Goswin Peter Gath aufgeschrieben wurde, im Buch »Kölner Sagen«.

DER WAHRE ORT? Selbst wenn diese Sage tatsächlich so oder so ähnlich stattgefunden haben sollte, spricht vieles dafür, dass die Geschichte wohl nicht im Kunibertstürmchen passierte, sondern im damaligen Ark, der direkt im Rhein stand. Doch eine kleine Ortsverlegung verzeiht der Kölner gerne, wenn er dafür solch eine schaurige Geschichte erhält. Bis heute verbinden sie diese Erzählung mit dem Kunibertstürmchen, das viele auch einfach nur »Weckschnapp« nennen. Nur die Frage, ob es in dem Türmchen wohl spuken mag und all die armen Seelen noch in den Mauern seufzen, bleibt offen.

Ungefährliche Stärkung

Wer nun froh ist, nicht hungern oder dürsten zu müssen, dem sei das Café Bistro Curios (curios-koeln.de) empfohlen. Es liegt nur wenige Meter entfernt, die frisch gebackenen Waffeln duften verführerisch schon von Weitem … und Sie müssen dafür sicher nicht in die Höhe springen – versprochen!

Fensterdetail aus dem im Jahr 1954 errichteten Anbau des Architekten Martin Kratz

3

DAS TRAURIGE AUSFLUGSLOKAL

Die Bastei an der Rheinpromenade

Direkt am Rheinufer liegt der auffällige Bau der Bastei, von allen Seiten hervorragend zu sehen und immer noch schön anzusehen. Doch das ehemals eleganteste Restaurant des Rheinlandes ist schon lange nicht mehr betret- oder nutzbar und verfällt zusehends.

Adresse Konrad-Adenauer-Ufer 80, 50668 Köln **GPS** 50.950029, 6.966499
Anfahrt Mit der Buslinie SB40 bis St. Vincenz-Haus; mit der Stadtbahnlinie 4, 12, 15, 16 bis Ebertplatz

Unter den Augen des Kölner Doms verfällt das legendäre Ausflugslokal »Die Bastei«.

BAUFÄLLIGE PRACHT Es ist ein skurriles Gebäude, das in bester Lage am linken Rheinufer gegenüber dem Rheinpark und den Rheinterrassen verlassen vor sich hingammelt. Auf einem schmalen, im unteren Bereich verklinkerten, darüber ockerfarben gestrichenen Sockel thront eine fast 360 Grad verglaste Aussichtsplattform mit einem zehnzackigen Dach. Sowohl in Richtung Rhein als auch über der straßenseitigen blauen Haupteingangstüre prangen noch die Neonleuchtröhren mit dem Schriftzug »Bastei«. Vom Spitzdach herab wacht ein Dreizack über den Rhein, unterhalb der Aussichtsplattform hält der heilige Petrus den goldenen Schlüssel fest in seiner linken Hand. Die Fenster der Aussichtsplattform

Der Schriftzug »Bastei« unterhalb der Aussichtsplattform

sind bis 14 durchnummeriert, dahinter erkennt man noch einige Einrichtungsgegenstände eines Restaurants, vor allem Tische. Nur wenige Jalousien sind heruntergelassen. Das Gebäude ist inzwischen so verfallen und baufällig, dass es auf einer Seite bereits durch ein Baugerüst abgesichert werden muss.

VON DER FESTUNG ZUM FESTSAAL Fragt man ältere Bewohner Kölns, welche Erinnerungen sie an die Bastei haben, so tauchen bei den meisten schöne – an Familienfeste, Abiturfeiern oder Karnevalspartys – auf. Heute rottet das schöne Gebäude in prominenter Lage an der Rheinuferpromenade einfach nur vor sich hin. Der Putz blättert ab, das Unkraut wuchert empor, die Fenster sind blind vor Schmutz – es ist ein bedrückender Anblick. Mitten in der Stadt wirkt der Bau auch sehr verloren. Der Name »Bastei« wurde bei einem Wettbewerb der Stadt Köln vergeben. In dem expressionistischen Bau musste man durch seine rundherum laufende Fensterfront einen fantastischen Blick auf den Rhein gehabt haben. So, wie die Bastei heute aussieht, wurde sie 1921 von Wilhelm Riphahn, einem Architekten aus Köln,

↑ Petrus wacht von der Bastei aus über die Rheinschifffahrt.
↗ Auf der linken Seite muss die einsturzgefährdete Bastei abgestützt werden.

der auch für das Opernhaus verantwortlich ist, geplant und 1924 als Restaurant eröffnet. Er nutzte den Sockel, der noch von der preußischen Festungsanlage übrig geblieben war, und verjüngte die meterdicken Mauern, um die Basis des Restaurants für Küche, Weinkeller und Toiletten nutzen zu können. Damals war die Bastei eine von drei Rhein-Verteidigungs-Kaponnieren des inneren Festungsringes. Die Anlage steht zudem noch in einer Kehre des Rheins, sodass die Soldaten beim Schießen freien Blick hatten. Und sie stand neben der Hafeneinfahrt des Sicherheitshafens und konnte diesen somit auch bewachen. Sichtbar war nur der kleinere Teil der Anlage, etwa fünf Meter standen oberirdisch, der weit größere Teil ragte aber ungefähr elf Meter in die Erde hinein. Dort waren auch die Räumlichkeiten inklusive Toiletten und Küche untergebracht. Ende des 19. Jahrhunderts wurde die Decke um einen Meter Beton verstärkt, da sich die Munition verändert hatte und Dynamit eine wesentlich stärkere Schlagkraft als das vormals verwendete Schwarzpulver hatte. Nach dem Ersten Weltkrieg, als alle Festungsanlagen geschleift werden mussten, musste der dicke Beton wieder herunter, doch die Stadt Köln wollte die drei Kaponnieren unbedingt erhalten – als Lagerräume und Teil der Uferbefestigung des Rheins, aber auch für die Bevölkerung; die Menschen benutzten sie nämlich gerne als Sonnen- und Aussichtsterrassen.

VOM WIEDERAUFBAU ZUM ENDGÜLTIGEN NIEDERGANG Während des Zweiten Weltkrieges, konkret im Jahr 1943, brannte die Bastei komplett aus und war danach einige Jahre eine Ruine. Erst 1958 begann der Wiederaufbau, erneut unter dem ersten Architekten. Hans Herbert Blatzheim, der Stiefvater der Schauspielerin Romy Schnei-

Der Haupteingang der Bastei wird von einem Dreizack gekrönt.

der, führte sodann ein sehr erfolgreiches Restaurant, das sogar einen Michelin-Stern erhielt. Die Bastei war nicht nur ein beliebtes Ausflugsziel für die Kölner, die Menschen kamen auch von weit her, um die Atmosphäre dieses Lokals zu genießen. 1985 wurde die Bastei ein weiteres Mal saniert, musste aber 1997 endgültig schließen – die Technik war veraltet, und da das Gebäude seit 1980 unter Denkmalschutz steht, wurde eine dritte Erneuerung nahezu unbezahlbar. Bis ins Jahr 2019 konnte man die Bastei zumindest noch für private Feierlichkeiten anmieten, aber auch das ist nun leider vorbei. Die Stadt erstellte eine Mängelliste zu den notwendigen Sanierungen für eine Wiedereröffnung: Asbest, Rost, die mangelnde Barrierefreiheit und der Brandschutz stehen unter anderem darauf. Leider wurden auch die Originalpläne zum größten Teil beim Einsturz des Stadtarchivs vernichtet. Also werden die Kölner wohl weiterhin nur mit Wehmut an den traurigen Resten Bastei vorbeilaufen können … und manche von ihnen dabei vielleicht von alten Zeiten träumen.

Lyrik-Tipp

Die Bastei inspirierte schon Joachim Ringelnatz zu seinem Gedicht *»Köln von der Bastei gesehen«*. Darin wünschte sich der bekannte Schriftsteller, sie möge sich »jetzt karussellartig drehen«. Wer weiß, ob wir das noch erleben dürfen? Am besten gehen Sie einfach ein Stück weiter den Rhein entlang und können beobachten, wie wieder Leben an der Rheinpromenade einkehrt. Überall stehen Bänke, von denen aus man den Blick ebenfalls über den Rhein schweifen lassen und sich mit einem mitgebrachten Getränk stärken kann.

Ein elektrischer Kronleuchter ersetzt den originalen Kronleuchter aus dem 19. Jahrhundert.

4

KUNST UND KULTUR IN DER KLOAKE

Der Kronleuchtersaal unter dem Theodor-Heuss-Ring

Was haben Lanxess Arena, E-Werk und das Kölner Abwassersystem gemeinsam? Richtig – alle drei Örtlichkeiten kann man aufsuchen, um sich Konzerte anzuhören. Köln ist wahrscheinlich weltweit die einzige Stadt mit einem Konzertsaal in der Kanalisation.

Adresse Theodor-Heuss-Ring, 50668 Köln **GPS** 50.950687, 6.963514
Anfahrt Mit der Stadtbahnlinie 4, 12, 15, 16 bis Ebertplatz

UNANGENEHME GERÜCHE Während man in der Lanxess Arena und im E-Werk meist Alkohol und Schweiß riechen muss, begegnet man im Kronleuchtersaal noch ganz anderen »Düften«, weshalb sich zu Corona-Zeiten so mancher hier über seine Maske durchaus gefreut haben dürfte – dazu gleich mehr. Daneben können auch die zahlreichen Chemikalien aus Wasch-, Spül- und Reinigungsmitteln sehr unangenehm sein, weshalb der Kronleuchtersaal nur bei permanenter Messung der Gaswerte betreten werden darf. Der Eingang zum Kronleuchtersaal befindet sich unter einer grün gestrichenen Bodenklappe im Park am Theodor-Heuss-Ring, etwa in Höhe der Clever Straße. Man muss sich über eine schmale Treppe zwängen, um die unterirdischen Gänge betreten zu können. Schön anzusehen sind die gemauerten Kreuzgewölbe in der Decke, die Böden sind allerdings feucht. Wie oft mögen sie schon überschwemmt worden sein? Rechts und links beengen einen die alten Backsteinmauern auf dem Weg durch die Düsternis in ein einzigartiges Kuriosum: einen Konzertsaal, in dem zwei altehrwürdige Kronleuchter hängen, die diesem Ort seinen Namen gegeben haben. An der Seite fließt eine braune, übel riechende Flüssigkeit – bloß keinen falschen Schritt, sonst stürzt man kopfüber in die Sch… Da ist es wenig beruhigend, dass ein Verantwortlicher es offensichtlich für geboten hielt, einen Rettungsring bereitzustellen. Nur kurz die steinerne Einweihungstafel lesen, mit der an die Inbetriebnahme erinnert wird, und dann bloß schnell wieder raus. Es ist düster … und es stinkt!

BIS HEUTE BEWÄHRT Bereits im Jahr 1881 plante die Stadt Köln ein Abwassersystem für die Alt- und die Neustadt, wobei die Abwässer zunächst getrennt gesammelt wurden, um im Kronleuchtersaal zusammengeführt und über die Clever und die Amsterdamer Straße in das erste Kölner Klärwerk im Norden der Stadt abgeführt zu werden. Ein Tiefsammler befindet sich in Rheinufernähe, höher gelegen existieren ein Hochsammler und ein Ringkanal, der die Abwässer der Altstadt in den Kronleuchtersaal leitet. Der Ringkanal ist im Kronleuchtersaal offen im Bogen angelegt, während das Wasser aus dem Tiefsammler von unten in den Ringkanal eingeführt wird. Gleichzeitig diente der Kronleuchtersaal als Entlastungsbecken bei starken Regenfällen – was heute noch etwa zehn- bis 15-mal jährlich passiert. Daneben ermöglicht die Kanalführung im

In der Düsternis des Ganges sind die Pfützen auf dem Boden gut zu erkennen.

Ein alter, nicht vertrauensstiftender Rettungsring ziert die Absperrkette.

Kronleuchtersaal heute bei Auslastung des Klärwerkes Stammheim, Abwässer ungeklärt in den Rhein zu leiten. Dies ist nach starken Regenfällen glücklicherweise unproblematisch, da das Abwasser durch die starken Regenfälle so weit verdünnt ist, dass es nicht mehr geklärt werden muss. Mit einer Breite von 3,80 und einer Höhe von 4,60 Metern gehört das Ziegelmauerwerk zu den größten Örtlichkeiten des Abwassersystems. Die hierfür verwendeten Klinkersteine wurden nach einer speziellen Methode gebrannt, um den Erfordernissen eines Abwassersystems gerecht zu werden, denn weder darf Grundwasser in das Abwassersystem gelangen noch umgekehrt Abwasser ins Grundwasser.

SELBST DER KAISER HAT SICH NICHT GETRAUT Zur Einweihung der schon damals als Meilenstein der Hygiene geltenden Kanalisation Kölns war Kaiser Wilhelm II. als Gast des Oberbürgermeisters Friedrich Wilhelm von Becker im Jahr 1890 eingeladen – er kam allerdings nicht. Heute ist leider nicht mehr eindeutig zu klären, ob der werte Kaiser die zwei namensgebenden Kronleuchter spendete oder die Stadt Köln diese neben einigen Wandleuchtern zu Ehren des Kaisers installiert hatte; die Erzählungen widersprechen sich diesbezüglich. Fakt ist hingegen, dass ein einzigartiges Bauwerk geschaffen worden war, welches noch heute seinesgleichen sucht. Erst Ende der 1980er-Jahre mussten die originalen Kronleuchter durch weiß gestrichene, originalgetreu nachgebaute elektrische Kronleuchter ersetzt werden. Der Saal trotzte zwei Weltkriegen und leistet noch heute nahezu unverändert seine wichtige Funktion im Abwassersystem der Stadt Köln – nur dass die Abwässer heute ins rechtsrheinische Klärwerk Stammheim geleitet werden.

Ein akustisches Glanzstück

Konzerte im Kronleuchtersaal profitieren von der unglaublichen Akustik dieses Ortes, da als Resonanzräume die umliegenden Kanäle mit einbezogen werden. Zudem finden regelmäßig kostenlose Führungen statt, die über die Städtischen Entwässerungsbetriebe (steb-koeln.de/abwasser-und-entwaesserung/kronleuchtersaal/Kronleuchtersaal.jsp) gebucht werden können und in der Regel lange im Voraus ausgebucht sind. Eine frühzeitige Planung ist also dringend geboten.

Die Klinkersteine – wie hier im schönen Kreuzgewölbe – wurden speziell gebrannt.

5

DAS ERSTE KÖLNER FREIBAD

Das Freibad Riehl – eine Spurensuche

Nur noch wenig ist von der »Rheinlust«, dem ältesten Kölner Licht-, Luft- und Freibad im Stadtteil Riehl, zu erkennen, doch wenn man bewusst durch die Rheinwiesen in der Nähe des Biergartens mit dem unverfänglichen Namen »Schwimmbad« streift, kann man noch einiges entdecken.

Adresse An der Schanz 2a, 50735 Köln **GPS** 50.961666, 6.983638
Anfahrt Mit der Stadtbahnlinie 18 bis Boltensternstraße

Das Nichtschwimmerbecken wird heute als Grillplatz und für Sonnenuntergangsrituale verwendet.

BECKENRÄNDER IN DEN RHEINAUEN

Wenn man durch die Rhieler Rheinauen streift, kommt man über kurz oder lang an einer sehr langen, L-förmigen Holzbank vorbei, die heute gerne von Eltern genutzt wird, deren Kinder auf der Rutsche oder den Klettergerüsten des angrenzenden Spielplatzes schreien und toben. Davor befindet sich ein schmaler, mit Asphaltsteinen gepflasterter Weg … und man stellt sich die Frage, welche Bedeutung denn solch eine lange Bank haben könnte? Weshalb war sie überhaupt an dieser Stelle aufgestellt worden? Die Antwort ist schlicht, aber überraschend: Sie lief in den Zwanzigerjahren des vorigen Jahrhunderts an einem von zwei Badebecken entlang. Badebecken? Ja, denn hier befand sich – auch wenn es heute kaum mehr vorstellbar ist – das älteste Freibad der Stadt Köln, inzwischen längst aufgegeben und verlassen. Doch an der Bank lassen sich die Abmessungen noch ziemlich genau nachvollziehen. Verlässt man dann den Weg ein wenig und spaziert die Wiese entlang, stolpert man zwischen ein paar Birkengruppen auch noch über mystische, moosbedeckte Steinkreise, von einigen Findlingen umgeben. Das alles in einer zwar minimal, für Köln aber doch schon ungewöhnlich hügeligen Wiesenlandschaft. Kelten in Köln? Nein, es ist – auch hier – die Einfassung eines Schwimmbeckens, diesmal des Nichtschwimmerbeckens. Wie schön es einmal für die Kinder wohl gewesen sein muss, hier zu planschen? Heute trifft man hier manchmal ein paar Menschen, die im Steinkreis Sonnenuntergangsrituale veranstalten; mystische Energien scheinen an diesem Ort jedenfalls vorzuherrschen. Dort, wo nun das Zelt einer Artistenschule steht, konnte man sich früher duschen und umziehen. Die alten Pumpen des Bades befinden sich noch im Keller des heutigen Biergartens, der den bezeichnenden Namen »Schwimmbad« trägt und aus einem Wirtschaftsgebäude des ehemaligen Freibades entstanden ist. Auf der Terrasse lässt sich eine Klappe öffnen, und man kann zu der veralteten und nicht mehr benötigten Technik hinuntersteigen. In dem zum Biergarten gehörenden Gebäude selbst war früher das Personal des Schwimmbads untergebracht.

Die L-förmige Bank zeigt die Einfassung des alten Schwimmbeckens.

EIN BAD IM RHEINWASSER! Im Jahr 1902 wurde in unmittelbarer Nähe von dieser Stelle das erste Freibad in Köln eröffnet. Es trug den Namen »Rheinlust« und befand sich in der Nähe einer Schiffsbrücke des Rheins. Mit dem Bau der Mühlheimer Brücke im Jahr 1926 musste das Bad jedoch verlegt werden. Zuvor konnte man, was heute tatsächlich kaum mehr vorstellbar ist, sogar noch im Rhein baden gehen. Das Becken war zwar wohl etwas vom Fluss abgeteilt, damit die Badenden nicht von dessen Strömung mitgerissen werden konnten, aber es war mit Rheinwasser gefüllt und hatte, als einziges Freibad der Stadt Köln, einen Strand. Es muss wunderschön gewesen sein!

↑ Die Eingangstür zum Biergarten weist auf die ursprüngliche Nutzung hin.
↗ Im Verwaltungsgebäude werden heute bei schönem Wetter Eis und Getränke verkauft.

DAS ENDE DER PLANSCHEREI Die Stadt Köln übernahm das Schwimmbad Anfang der 1960er-Jahre und baute die Liegewiese aus sowie ein zweites Becken hinzu. Doch schon in den 1970er-Jahren war ein erneuter Umbau vonnöten: Wegen des neu gebauten Colonia-Hochhauses (es war drei Jahre lang das höchste Gebäude der Bundesrepublik) musste eine Liegewiese verlegt werden, die nur noch im Schatten lag. Überdies gingen die Besucherzahlen zu dieser Zeit bedauerlicherweise immer weiter zurück. Also war die Wirtschaftlichkeit nicht mehr gewährleistet, und das Riehler Freibad schloss 1986 für immer seine Pforten. Auch wenn das Ende einer langen Schwimmbadgeschichte nicht mehr abzuwenden war, betrauerten viele Dauergäste diese Entscheidung, denn sie waren nicht nur zum Schwimmen hierhergekommen, sondern hatten in der wunderschönen Umgebung auch gern einfach ihre Freizeit verbracht. Selbst das Betreten des Geländes war lange Zeit nicht erlaubt … der Verfall begann. Die Natur holte sich das Gelände langsam, aber unausweichlich zurück. Erst im Jahr 1992 wurde hier glücklicher-

weise eine Naherholungszone für die Öffentlichkeit eröffnet. Und so kann man bei einem Spaziergang noch die zurückgelassenen Steine und Bänke des alten Schwimmbades entdecken und sich dabei vorstellen, wie feucht-fröhlich es dort vor vielen Jahren wohl zugegangen sein muss.

Nur bei schönem Wetter

Der Biergarten »Schwimmbad« (koeln-biergarten.de) wurde erst 1996 eröffnet – zunächst mit nur acht Tischen, doch er wuchs stetig weiter, bis heute, wo etwa 100 Tische dort stehen. Oft wurde er schon zu einem der schönsten Biergärten Kölns gewählt. Hier kann man sich gut nach dem Erkundungsspaziergang niederlassen und ein Eis, eine Portion Pommes oder ein Getränk zu sich nehmen. Besonders hervorzuheben sind die über 20 Sorten Bier, die hier angeboten werden, sofern das Wetter mitspielt. Denn da nur Außenplätze vorhanden sind, hat das »Schwimmbad« bei schlechtem Wetter sowie generell im Winter geschlossen.

Der verlassene Aufgang zur Terrasse des Wiener Cafés verstört heute Spaziergänger.

6

DER VERGESSENE VERGNÜGUNGSPARK

Das Kölner Tivoli

Nur vier Jahre, von 1971 bis 1975, beherbergte Köln seinen eigenen Freizeitpark. Dieser stand in den Riehler Rheinauen. Heute erinnert nicht mehr viel daran, zumindest nicht in Köln, denn einige Attraktionen fanden ihren Platz in anderen Ländern.

Adresse Rheinaue Köln, 50735 Köln **GPS** 50.969666, 6.993927
Anfahrt Mit der Stadtbahnlinie 13, 18 bis Slabystraße

DAS EINSAME GELÄNDER Bei einem unserer Spaziergänge durch die Rheinauen in Riehl stießen wir auf ein weiß gestrichenes Geländer mitten im Nichts. Die Farbe blättert schon ab, der Rost kommt an einigen Stellen durch, seine besten Zeiten hat es mittlerweile definitiv hinter sich. Doch warum steht es hier? So ganz ohne erkennbaren Grund? Fragt man ältere Spaziergänger, die aus diesem Teil Kölns stammen, kann man sich schon einige Geschichten anhören über einen Freizeitpark, der hier einst gestanden hat. Viele schöne Erinnerungen werden wieder wach – von Kettenkarussellfahrten und Westernstädtchen, von tollen Tagesausflügen mit den Eltern, aber schließlich auch von der Enttäuschung, dass nun nichts mehr von der bunten Welt übrig ist. Was stehen geblieben ist, holt sich die Natur Stück für Stück zurück. Geht man dann mit offenen Augen weiter durch das Gebiet in der Nähe des Cranachwäldchens, entdeckt man noch den ein oder anderen Überrest aus diesen vergangenen Zeiten. Denn das einsame Geländer ist zwar das offensichtlichste Relikt – es war einst die Terrasseneinfassung des Wiener Cafés, in dem sich die Besucher zwischen den Fahrgeschäften und sonstigen Attraktionen stärken und erholen konnten –, aber nicht das einzige. Im nördlich gelegenen Märchenwald können wir noch kleinere Betonpfeiler, entdecken, an denen ein Begrenzungszaun befestigt war. Und ist man über diese kleinen Pfade vielleicht sogar zwischen Märchenwelten durchgewandert? Der Parkplatz am ehemaligen Nordeingang wird noch heute stark frequentiert, neben ihm befindet sich ein altes Stromhäuschen, welches nun leider völlig mit Graffitis überdeckt ist und auch sonst völlig deplatziert wirkt. Daneben ist ein weiteres kleines Stück Zaun erkennbar. Ein zweiter Eingang zum Tivoli befand sich direkt neben der Mülheimer Brücke, an der die Besucher durch einen riesigen Zauberer begrüßt wurden.

Das alte Trafohäuschen am Nordeingang, inzwischen ein Ort schäbiger Graffitis

WELTREISE IN DER STADT Der Freizeitpark »Tivoli« öffnete am 29. April 1971 gemeinsam mit der angrenzenden Bundesgartenschau seine Pforten. Damals wurde der Austragungsort dieser Schau unter den im Krieg stark zerstörten Städten ausgelost. Köln bekam nach 1957 den Zuschlag noch einmal für 1971 und stellte die Gartenschau unter das fröhliche Motto »Festival in Köln«. Die Veranstalter entschieden sich auch das zweite Mal für dasselbe Gelände zwischen Deutz und Mülheim, die Riehler Aue sollte zur Erweiterung genutzt werden. Im Jahr 1969 gründeten Erich Schneider und Ottomar Weiß zusammen mit dem Schaustellerehepaar Käthe und Theo Rosenzweig die »Kölner Tivoli Erholungs- und Vergnügungspark GmbH«, um dort einen Freizeit- und Vergnügungspark zu eröffnen. Für 16 Millionen Mark wurden Attraktionen auf das 60.000 Quadratmeter große Gelände des Freizeitparks gestellt. Es wurde dort unglaublich viel geboten, vom Riesenrad über Geisterbahn und Kettenkarussell, Diskothek und Casino bis hin zum Märchenwald und sogar einem Elefantenzirkus ließ das Tivoli für Groß und Klein keine Wünsche offen. Benannt wurde der Park nach dem bekannten Freizeitpark in Kopenhagen und bot seinen Besuchern entsprechend seinem Motto »Eine Reise um die Welt«, konkret in die vier Länder Deutschland, Türkei, Frankreich und Südamerika. In jedem dieser vier Teile wurden landestypische Spezialitäten angeboten, und auch die Gebäude sollten die Besucher in eine andere Welt entführen. An den Wochenenden fanden Veranstaltungen und Konzerte auf der Freilichtbühne statt, auch eine Runde Minigolf zu spielen war möglich.

DER TRAURIGE NIEDERGANG Während der Bundesgartenschau kamen noch Hunderttausende Besucher, doch schon zwei Jahre später ließ der Ansturm merklich

Ein eingerissener Zaun ist eines der wenigen sichtbaren Überbleibsel des Tivoli.

Wie schön musste es gewesen sein, mit diesem wunderbaren Ausblick auf den Rhein eine Melange zu genießen.

nach, sodass die laufenden Kosten nicht mehr gedeckt werden konnten. Der Eintrittspreis von zwei Mark enthielt keine einzige Fahrattraktion, und das Essen war wohl nicht wirklich gut, so etwas sprach sich dann doch herum. Auch hatte der Park nur von April bis Oktober geöffnet, in den restlichen Monaten wurden einige Fahrgeschäfte aufgrund der Hochwassergefahr zumindest in Teilen abgebaut. Die drei Gründer der Tivoli-Gesellschaft hatten sich ohnehin schon vor der Eröffnung des Parks zerstritten und gingen getrennte Wege; im August 1975 mussten sie Konkurs anmelden. Die Attraktionen und die weiteren Gebäude wurden abgebaut, einige der Fahrgeschäfte sind aber wohl heute noch in Betrieb. So dreht sich das Riesenrad im Freizeitpark Slagharen in den Niederlanden, wo auch das Mond-Kettenkarussell »Apollo« steht. Die Achterbahn wurde in die USA exportiert. Und das Kettenkarussell »Wellenflieger« besucht Köln heute noch auf verschiedenen Volksfesten, dann aber unter dem Namen »Schwanenflieger«, was bei einigen Besuchern wehmütige Erinnerungen weckt.

Auszeit-Tipp

Nach dem schönen Spaziergang durch die Auen und das verwunschene Cranachwäldchen ist es Zeit für eine Pause. Man kann sich einfach an den nahe gelegenen Cranachstrand setzen und bei sonnigem Wetter ein Picknick machen oder einfach nur den großen Containerschiffen auf dem Rhein zusehen, so macht man zumindest mit den Augen und in Gedanken auch heute noch eine kleine Reise um die Welt.

7

DER SERIENKILLER VOM GOLDENEN ROSS

Am Schauplatz des Verbrechens

In der Keupstraße, in der sich ein Dönerladen an den anderen reiht, soll einer der spektakulärsten Serienmörder der deutschen Geschichte sein Unwesen begonnen haben? Man kann es sich kaum vorstellen, doch wenn man die Geschichte nachverfolgt, stockt einem der Atem.

Adresse Keupstraße 95, 51063 Köln **GPS** 50.963975, 7.011658
Anfahrt Mit der Stadtbahnlinie 4 bis Keupstraße

Auf der Keupstraße herrscht turbulentes Treiben.
Die meisten Menschen wissen vermutlich nichts von der Mordserie, die hier begann.

EIN DÜSSELDORFER VAMPIR IN KÖLN

Wandelt man über die Mülheimer Keupstraße und verfolgt den Trubel, ahnt man nicht, dass hier einst ein Serienmörder lebte. Tatsache ist aber: Schon vor mehr als 100 Jahren beging hier (damals hieß die Straße allerdings noch Wolfstraße) der als »Vampir von Düsseldorf« bekannt gewordene Serienmörder Peter Kürten in dem unscheinbaren, 1901 erbauten Eckhaus mit der Hausnummer 95, in dem sich heute ein gut besuchtes Bistro befindet, seinen ersten nachgewiesenen Mord. Wenn man vor dem Haus stehend darüber nachdenkt, läuft es einem heute noch kalt den Rücken herunter. Die Außenfassade des Erdgeschosses ist dunkelbraun gekachelt, darüber befinden sich zwei schlichte, hell verputzte Stockwerke und das Dachgeschoss … ein unauffälliges Haus, nichts weist auf das Grauen von damals hin.

Gedenkstein für den Anschlag der NSU, der ebenfalls auf der Keupstraße geschah.

GRAUSAMER MORD Im Jahr 1913 befand sich im Erdgeschoss des Hauses die Eckkneipe »Zum Goldenen Ross«, in die Peter Kürten eines Abends einbrach. Er war gerade aus der Haft entlassen worden und hielt sich mit Diebstählen über Wasser. Sein Spezialgebiet waren Wirtschaften, in denen sich die Wohnungen der Wirtsleute über der Kneipe befanden. Nachdem Kürten die Wohnung durchwühlt und keinerlei Wertgegenstände gefunden hatte, bemerkte er die neunjährige Tochter des Gastwirts, Christine, die dort schlief. Er würgte sie, bevor er sich an ihr verging und ihr dann die Kehle durchschnitt. Das arme Opfer wehrte sich, hatte jedoch keinerlei Chance. Am Tag danach, so wird es auf focus.de (*»Albtraum im Rheinland: Die Mordserie des ›Vampirs von Düsseldorf‹«*) beschrieben, kam er wohl in die Gastwirtschaft zurück und lauschte den Gesprächen der Gäste, die sich natürlich um den Mord drehten. Damals geriet Kürten wohl in einen Blutrausch, wie er bei seinem Geständnis 1930 berichtete.

WIE WIRD MAN ZUM »VAMPIR«? Peter Kürten wurde 1882 in dem damals noch selbstständigen Mühlheim am Rhein als eines von elf Kindern eines alkoholabhängigen und gewalttätigen Arbeiters geboren, der seine Frau und die Kinder schlug und wegen sexuellen Missbrauchs an einer seiner Töchter verurteilt wurde. Der Nachbar der Familie war ein Tierfänger, der die Tiere auch tötete; der junge Knabe schaute ihm oft dabei zu. Bereits im Sommer des Jahres 1893 hatte er – strafunmündig – im Alter von zehn Jahren eigenen Angaben zufolge zwei Jungen am Rheinufer getötet; dieses Verbrechen konnte allerdings nie nachgewiesen werden. Wegen Diebstahls und kleinerer Einbrüche verbrachte er einen Großteil seines Lebens immer wieder im Gefängnis. Den Beinamen »Vampir« gab man ihm, weil er angeblich das Blut mehrerer Opfer getrunken haben soll;

Die gekachelte Fassade versprüht noch heute den Charme aus der Zeit des Vampirs.

auch dafür gibt es allerdings keine Beweise. Gesichert ist jedoch, dass Kürten einen Schwan im Düsseldorfer Hofgarten aufgeschlitzt und auch dessen Blut getrunken hat. Blut löste angeblich sexuelle Erregung in ihm aus.

DAS ENDE UNTER DER GUILLOTINE Die Tat Kürtens in der Keupstraße konnte nur durch sein Geständnis 17 Jahre später aufgeklärt werden. Zwar hatte er ein Taschentuch mit seinen Initialen am Tatort liegen gelassen, doch es wurde dem Besitzer der Kneipe, Peter Klein, zugeordnet. Verdächtigt wurde damals der Bruder des Wirtes, der Streit mit seiner Familie hatte. Das Geständnis gab der Täter im Rahmen weiterer Serienmorde ab, die er in den Jahren 1929/30 begangen hatte – meist waren es Frauen bzw. Mädchen gewesen (ein Mann war allerdings auch unter seinen Opfern), die er in der Nähe von öffentlichen Veranstaltungen, sexuell motiviert, angegriffen und getötet hatte. Mit mindestens neun Morden und etwa 40 weiteren Versuchen gilt dies als spektakulärster Kriminalfall der Weimarer Republik. Für seine Taten wurde Peter Kürten am 2. Juli 1931 im Kölner Gefängnis Klingelpütz mit der Guillotine durch einen aus Magdeburg angereisten Henker hingerichtet.

NOCH EIN VERBRECHEN Am 9. Juni 2004 erlangte die Keupstraße ein zweites Mal landesweit unrühmliche Bekanntheit, als vor einem Friseursalon eine Bombe, die mit Schwarzpulver und Nägeln präpariert worden war, explodierte. Bei der Detonation wurden 22 Menschen teilweise schwer verletzt, es entstand erheblicher Sachschaden an den Gebäuden und in der Nähe geparkten Autos. Zu dem Terroranschlag bekannte sich erst im Jahr 2011 die rechtsextreme Gruppe »Nationalsozialistischer Untergrund« (NSU). Bis dahin wurde überwiegend gegen Anwohner und sogar die Opfer (!) ermittelt. Die Staatsanwaltschaft hatte zunächst vermutet, dass es sich um organisierte Kriminalität im Drogenmilieu oder Schutzgelderpressungen handeln könnte.

Film-Tipp

Der Regisseur Fritz Lang hat im Jahr 1931 in seinem Film »*M – Eine Stadt sucht einen Mörder*« die gruselige Geschichte des Serienmörders Peter Kürten spannend verarbeitet. Dabei verlegte er allerdings den Tatort nach Berlin, und »sein« Kindermörder hat immer ein Pfeifen auf den Lippen, wenn er auf seine Opfer trifft. Als die Polizei ihre Kontrollen erhöht, leidet auch der Rest der Unterwelt darunter und begibt sich nun ihrerseits auf die Suche nach dem Triebtäter.

Detail des Giebels im zweiten Stock mit Hinweis auf das Baujahr 1901

Manchmal kann man von der Straße einen Blick in die alte Produktionshalle mit dem eingefallenen Dach erhaschen.

8

INDUSTRIEBRACHE UNTER DENKMALSCHUTZ

Der Verfall von Klöckner-Humboldt-Deutz

Unfassbar, wie ein historisch bedeutsames ehemaliges Fabrikgelände vor aller Augen vor sich hinsiecht und Stück für Stück verfällt, obwohl die Pläne zur Einbettung alter Substanz längst vorliegen. Immerhin: Zumindest ein kleiner Teil wird nun bereits in neue Objekte integriert.

Adresse Deutz-Mülheimer-Straße, 51063 Köln **GPS** 50.954484, 6.991744
Anfahrt Mit der Stadtbahnlinie 3, 4 bis Steigerwaldsiedlung

TRAURIGE RESTE EINSTIGER GRÖSSE

Schon von der Zoobrücke aus beeindruckt der Anblick des ehemaligen Fabrikgeländes, das größtenteils von Klöckner-Humboldt-Deutz bewirtschaftet wurde. Im Hintergrund sieht man noch brachliegende alte Industrie mit verwinkelten Rohren an Backsteinbauten. Zwischen den Baufeldern stehen leere Hallen, teilweise unter Denkmalschutz. Quer zieht sich ein Eisenbahnviadukt hindurch, dessen Bögen von Graffitis verziert sind. Einsam steht ein verlassener Kamin genauso unvermittelt im Gelände wie eine Mauer, deren Sinn und Zweck sich einem nicht mehr erschließt. Ganz anders der Eindruck auf der Deutz-Mülheimer-Straße, wenn man zwischen dem alten Verwaltungsgebäude und einer der Hauptfabrikationshallen steht. Zwischen den langen, einsamen und verlassenen Fassaden wirkt alles eng und bedrückend. Das KHD-Sozial- und Verwaltungsgebäude erstreckt sich entlang der Straße; es imponiert mit seiner langen Fassade und steht sichtlich leer.

STREET-ART IN DER FABRIK Direkt gegenüber liegen die alte KHD-Großmotorenhalle und der KHD-Kleinmotorenbau. Während alle Gebäude hinter diesen beiden Fertigungshallen inzwischen abgerissen sind, werden beide Hallen ausgiebig von Street-Art-Künstlern genutzt. Durch die eingeschlagenen und nur sehr unzureichend versiegelten Fenster kann man einen Blick hineinwerfen und die baufällige Altindustrie bewundern. Von der löchrigen und einsturzgefährdeten Decke der Großmotorenhalle hängen eindrucksvoll schwere Kräne herab. In der Halle stehen noch alte Kessel, die an ein undurchsichtiges Rohrnetzwerk angeflanscht sind, manche schön verziert, andere mit einfachen Schriftzügen schlicht verunstaltet. An späten Sonntagabenden kann man beobachten, wie die Künstler die Örtlichkeit wieder verlassen. Biegt man dann links in den Auenweg, passiert man eine Mauer, hinter der sich die Natur die alte Fabrik wieder zurückerobert. Die Halle des KHD-Mittelmotorenbaus am nördlichen Ende des Sozial- und Verwaltungsgebäudes ist von der Straße kaum einzusehen, Gleiches gilt für die Möhringhalle im westlichen Teil des Areals zwischen Auenweg und Deutz-Mülheimer-Straße. Doch man erkennt gut, wie Pflanzen aus eingeworfenen Scheiben wuchern. Alles ist völlig verwinkelt, und man fragt sich, wer seinerzeit wohl die Unordnung beherrscht haben mag. Erst nach wenigen Hundert Metern erreicht man das schon von der Zoobrücke aus gesehene riesige Feld. Die alte Mauer ist abgerissen, doch mittendrin stehen einsam und allein auf weiter Flur der bereits erwähnte alte Kamin, der

Eingeworfene Fenster sind von der Deutz-Mülheimer-Straße zu sehen.

↑ Ein alter Kran in dem durch das brüchige Dach hereinfallenden Licht

↗ Auf dem weiten Gelände soll eine alte Mauer offensichtlich in die neue Bebauung integriert werden.

über die verbliebenen Gebäude wacht, und besagte bemalte Mauer quer auf der Fläche, wo an manchen Stellen noch der ehemaliger-Fußboden erkennbar ist. Offensichtlich war auch den Abrissunternehmen nicht klar, was sie stehen lassen sollten und was nicht. Imposant wirken auf der anderen Seite auch die Bahngleise hinter den bunt bemalten Bögen des Eisenbahnviadukts, weiter südlich an der Deutz-Mülheimer Straße die Gummifädenfabrik, die Waggonhalle, in der die Firma Zypen & Charlier Waggons für die Wuppertaler Schwebebahn baute, und der »Eckige Rundbau«, ein Magazin für die Waggons dieser Firma, das einen dreieckigen Grundriss mit abgerundeten Ecken und im Inneren einen runden Lichthof aufweist. Letztere gehörten allerdings nicht zu Klöckner-Humboldt-Deutz.

MODERNE STADTENTWICKLUNG Wenigstens diesen Gebäuden ist eine Zukunft gesichert. Sie teilen allerdings das typische Schicksal moderner Stadtplanung. Mehrere Großinvestoren haben Teilflächen gekauft und Pläne ausgearbeitet, wie sie die denkmalgeschützten Gebäude in neue Wohn-, Büro- und Gewerbeflächen integrieren können. Der neu entstehende Stadtteil trug schon Namen wie »Euroforum« und »Cologneo«; wir warten gespannt darauf, wie er letztendlich heißen wird. Als im Jahr 2021 einer der Investoren das Grundstück mit dem Sozial- und Verwaltungsgebäude wieder veräußern wollte, schritt die Stadt Köln auf Initiative einer Künstlergruppe ein und machte von ihrem Vorkaufsrecht Gebrauch. Eine Entwicklung des Grundstückes lässt jedoch derzeit auf sich warten. Die alte Gummifädenfabrik beherbergt immerhin inzwischen eine Künstler-Community, die auf der Gebäudewand einen senkrechten Parkplatz aufgemalt hat. Der »Eckige Rundbau« soll um ein Geschoss erweitert und für Büroflächen genutzt werden. Und in der Möhring-Halle könnte ein Industriemuseum entstehen. Es bleibt also spannend …

Eine alte Backsteinfassade grenzt unmittelbar an das Baugebiet.

AM ANFANG STAND DER MOTOR Die Geschichte dieses Geländes begann mit der Erfindung des Flugkolbenmotors durch Nicolaus August Otto und seinem Umzug von der linken Rheinseite in die damals selbstständige Stadt Deutz am anderen Rheinufer Ende der 1860er-Jahre. Ottos Flugkolbenmotor war eine vergleichsweise verbrauchsarme Maschine mit 0,5 PS und 700 Kilogramm Gewicht, die eher für die industrielle Anwendung geeignet war. Dank des Gewinns der »Goldenen Medaille« auf der Pariser Weltausstellung im Jahr 1867 konnte Otto mit der serienmäßigen Herstellung beginnen und wöchentlich einen Motor produzieren. Gleichzeitig verkaufte er eine erste Herstellungslizenz an die Firma Crossley Brothers in Manchester, die im Jahr 1988, mehr als hundert Jahre später, von Rolls-Royce, ebenfalls aus Manchester, übernommen wurde. Mit den gestiegenen finanziellen Möglichkeiten entwickelte Otto den Viertaktmotor, den er ab 1876 in Deutz in der weltweit ersten Motorenfabrik serienmäßig in den mit seinem Geschäftspartner errichteten Fabrikhallen fertigen ließ. Die Gebäude aus dieser Zeit existieren zwar nicht mehr, immerhin aber die nachfolgende Gebäudegeneration mit ihren imposanten Hallen. Bugatti, Daimler und Maybach hatten hier gearbeitet, bevor sie sich auf eigene Beine stellten. Insgesamt konnten in diesen Backsteinbauten bis zu 30.000 Menschen gleichzeitig ihr täglich Brot verdienen – bei Klöckner-Humboldt-Deutz (KHD), seit 1997 nur noch Deutz AG und nur mehr mit 5000 Mitarbeitern.

150 Jahre Motorengeschichte

Wenn nach diesem Spaziergang durch Zeit und Raum der Motorenindustrie Ihr Interesse für die Geschichte der Deutz AG geweckt wurde, empfiehlt sich ein Besuch im Technikum. Dort können Sie 150 Jahre Motorengeschichte anhand von über 50 historischen Motoren hautnah erleben (deutz.com/ueber-uns/tradition-und-kultur/technikum).

9

DAS KRANKENHAUS AUF DEM ROLLFELD

Alter Flughafen am Merheimer Klinikum

Betritt man das Krankenhausgelände, ahnt man nicht, dass ein großer Teil der Gebäude noch aus der Zeit stammt, als sich dort ein Flugplatz befand. Damals trug der Ort den Namen Ostheim. Doch nicht nur die Flaktürme auf den Kasernen versetzen einen zurück in eine andere Zeit.

Adresse Ostmerheimer Str. 200, 51109 Köln **GPS** 50.939796, 7.051321
Anfahrt Mit der Stadtbahnlinie 1 bis Merheim

Die Kasernen glichen normalen Wohnhäusern, damit sie von feindlichen Bombern nicht gleich erkannt werden konnten.

VON WO DIE FLUGZEUGE STARTETEN

Neben dem Butzweilerhof und Wahn war Ostheim der dritte Flughafen Kölns zu dieser Zeit. Der Flugplatz entstand schon 1911 und wurde im Jahr 1933, im Zuge der Aufrüstung der deutschen Luftwaffe, zu einem großen Fliegerhorst ausgebaut. Zunächst führte man das Ganze unter dem Deckmantel des Luftsportverbands, denn das Rheinland war laut dem Friedensvertrag von Versailles entmilitarisiert. Erst ab 1937 übernahm die Luftwaffe offiziell das Gelände. Von hier aus wurden die Luftlandetruppen zum Fort Eben Emael in der Nähe von Lüttich in Belgien geschickt. Durch die Einnahme dieses strategisch wichtigen Punktes

Die Flakstellungen auf den Dächern verraten die ehemalige militärische Nutzung.

konnte der Westfeldzug der deutschen Truppen erfolgreich gestartet werden.

GETARNTE DÄCHER Von den alten Soldatenunterkünften, den Bunkern und Hallen ist nicht mehr viel übrig geblieben, und das Flugfeld selbst wurde mit einer kompletten Siedlung bebaut, dem heutigen Stadtteil Neubrück. Trotzdem kann man noch einige Überreste des alten Flughafens entdecken, wenn man mit offenen Augen über das weitläufige Gelände geht, denn ungefähr die Hälfte der historischen Bauten steht größtenteils noch unverändert da. Die im Krieg nicht zerstörten Gebäude wurden für den Aufbau des Krankenhauses weiter genutzt, und auch einige Straßen sind erhalten geblieben. Wenn man auf das Krankenhaus zufährt, kommt man an einem Kiosk vorbei, früher der Eingang zur Kaserne, in dem sich zudem einige Arrestzellen befanden. Die Kantine des Krankenhauses wurde bereits während des Zweiten Weltkrieges als Küche genutzt, und die heutige Kapelle befindet sich im Gebäude des ehemaligen Offizierska-

Das Dach des Kirchturmes von St. Gereon in Alt-Merheim musste für die Einflugschneise gestutzt werden.

sinos. Schaut man genau hin, erkennt man auf den Dächern der zweigeschossigen grauen Häuser, die damals Staffelunterkünfte waren und in denen sich heute Forschungsinstitute der Klinik befinden, noch die Flakstellungen. Von diesen aus wurden mit Sicherheit feindliche Luftangriffe abgewehrt; Unwissende könnten sie heute aber für kleine Dachterrassen halten. Die alten Offiziersunterkünfte haben definitiv schon bessere Zeiten gesehen. Sie sind teilweise verlassen und mit Graffitis beschmiert. Da die Gebäude wie Wohnhäuser gebaut wurden, waren sie aus der Luft nicht als militärische Anlage erkennbar. Damals wurde sogar Kies auf die Startbahnen geschüttet, sodass es von oben wie ein Wegenetz in einem Park aussehen musste. Die Flugzeuge wurden, wenn sie nicht gebraucht wurden, in die Nähe des Waldes gezogen und mit Tarnnetzen verdeckt; also waren auch diese nicht zu erkennen.

DIE GOLDENEN BAUERN Die großen Wiesen, die erforderlich waren, um den Flugplatz überhaupt zu bauen, stammten von Bauern, die von den Nationalsozialisten enteignet worden waren. Einige Landwirte bekamen aber auch sehr viel Geld für ihr Land. Im Jahr 1937 wurde das noch heute existierende Brauhaus »Zum goldenen Pflug« gebaut und eröffnet. Es trägt den Namen wahrscheinlich zur Erinnerung daran, dass sich damals die Bauern mit der Enteignung einen »goldenen Pflug verdienten« … so zumindest lautete ein bekannter Spruch in Merheim.

DIE GESTUTZTE KIRCHE Auch die Kirche St. Gereon im heutigen Alt-Merheim konnte damals nicht so bleiben, wie sie ursprünglich errichtet worden war; die hohe Dachkonstruktion wurde bei Nebel zu gefährlich für die Flugzeuge, deshalb musste ein kleineres Dach gebaut werden, welches so noch heute auf dem Kirchturm zu sehen ist.

BESETZUNG DURCH DIE ALLIIERTEN Am 13. April 1945 wurde der Flughafen von den amerikanischen Alliierten besetzt und nach Kriegsende nicht mehr aktiviert, da sich der Flughafen Wahn ganz in der Nähe befand. Die Flughafenanlagen wurden zerstört, die Kasernen durften jedoch stehen bleiben. Die Stadt Köln übernahm das gesamte Gelände mitsamt der bestehenden Gebäudesubstanz und begann ab dem Jahr 1946, hier ein Krankenhaus aufzubauen. Das wurde auch dringend benötigt, da das Krankenhaus am Neumarkt vollkommen zerstört worden war. Heute gilt das Klinikum Merheim als eines der größten und auch über die Region hinaus bekannten Krankenhäuser Deutschlands.

Noch eine Flakstellung

Im benachbarten Brück befindet sich eine dunkle Gedenktafel, eingebettet in einen kleinen Erdhügel mit 18 Namen. Hier sind während eines amerikanischen Luftangriffs am 28. Januar 1945 17 jugendliche Flakhelfer im Alter zwischen 16 und 17 Jahren sowie ein Soldat getötet worden, die sich in einem selbst gebauten Bunker versteckt hatten und dort erstickten. Auch hier bestand eine Flakstellung, um den Flughafen zu schützen, und die Aufgabe der Kinder war gewesen, den Fliegerhorst zu bewachen.

Die Gedenktafel in Brück erinnert an den amerikanischen Luftangriff, dem 17 jugendliche Flakhelfer zum Opfer fielen.

Das ehemals verschiedenen Zwecken dienende Fort IX ist heute nur noch am Tag des Denkmals zugänglich.

10

NAZI-KASERNE, PFERDE-STALL UND FILMKULISSE

Das verfallene Fort-IX-Gelände

Wo im vergangenen Jahrhundert arbeitslose Jugendliche umerzogen wurden, holt sich die Natur heute Stück für Stück ein Gebiet zurück, auf dem im Jahr 2004 tagelang zwei Mädchenleichen gesucht worden waren.

Adresse Porzer Ringstraße, 51149 Köln **GPS** 50.909985, 7.021474
Anfahrt Mit der Stadtbahnlinie 7 bis Westhoven Kölner Straße

ARBEITEN LERNEN Betritt man das Gelände des Fort IX, fallen sofort die eingestürzten Mauern auf, bei denen sich das Unkraut durch jede Lücke drängt, als würde es versuchen, es noch weiter zu verstecken. Unweigerlich stellt sich die Frage, wie es hier früher wohl war? Gab es wirklich mal das stolze Fort? Denn heute ist so gut wie nichts mehr davon zu erkennen. Über dem riesigen Eingangstor sind noch die Schriftzeichen »Lager Hitler« erkenn- bzw. erahnbar, obwohl das zweite Wort natürlich sofort nach dem Ende des Zweiten Weltkrieges entfernt worden ist. Dadurch wird der Ort aber nicht einladender; die Stimmung wirkt gedrückt, hinter dem großen, leeren Eingangstor herrscht Dunkelheit. Das Fort IX diente den Nazis als freiwilliges Arbeits- und Erziehungsheim für arbeitslose Jugendliche und kam im Jahr 1936 zu seinem Namen. Während des Zweiten Weltkrieges wurden hier russische Zwangsarbeiter untergebracht, die zerstörte Bahnschienen reparieren mussten, die sich in der Nähe befanden.

EINBLICKE AM »TAG DES FORTS« Ein Zugang zum Fort IX besteht nicht, auch kann man es von außen nicht erkennen, liegt es doch hinter einem Zaun und ist durch hohe Büsche und Bäume versteckt. Betreten darf man die ehemalige Kaserne (nur mit festen Schuhen und einer Taschenlampe!) dennoch einmal im Jahr, am sogenannten »Tag des Forts«. Stockdunkel, kalt und feucht ist es im Inneren. Man kann noch die nachträglich eingebauten Pferdeboxen erkennen. Mussten hier auch die Zwangsarbeiter schlafen? Man will sich gar nicht vorstellen, unter welchen Bedingungen sie hier gehaust haben müssen. Im Inneren sind einige Fensterrahmen herausgeschlagen, Vandalismus und Graffitis leider überall sichtbar. Enge, finstere Wendeltreppen führen in das obere Stockwerk, wo dann wieder etwas Tageslicht in die verfallenen Räume dringt. Tritt man wieder hinaus, ist die Erleichterung doch groß, diese Enge überwunden zu haben. Auch von außen ist der Verfall dieses riesigen Gebäudes

Wie eine skurrile Landschaft wirkt das von der Natur zurückeroberte Dach.

überall zu beobachten, teils von der Natur selbst, doch teilweise leider auch von Menschenhand.

VON DER FESTUNG ZUM PFERDESTALL

Das Fort IX in Porz-Westhoven war eine von insgesamt vier rechtsrheinischen Befestigungsanlagen und wurde in den Jahren 1877 bis 1881 erbaut. Nachdem die Preußen Köln von den Franzosen befreit hatten, begann auch der Bau des Militärringes. Hierbei wurde die alte Stadtmauer aus dem Mittelalter erweitert und wieder instand gesetzt. Insgesamt 14 Festungen wurden um die Stadt herum errichtet, die Nummerierung geschah im Uhrzeigersinn, beginnend an der Südbrücke. Doch schon nach dem Ersten Weltkrieg verloren die erhaltenen Werke ihre ursprüngliche Bedeutung, mussten sogar abgerüstet (»entfestigt«) werden, sodass heute keines der Bauwerke mehr vollständig erhalten ist. Nach dem Zweiten Weltkrieg diente das Fort IX bis ins Jahr 1998 belgischen Streitkräften als Pferdestall und Schießstand und später noch für kurze Zeit als privater Pferdestall. Doch seit dem Jahr 2000 werden Fort und Gelände drumherum nicht mehr genutzt. Heute sind nur noch die Kehlkaserne sowie einige Bodenplatten und eingestürzte Bogengänge erhalten. Das Fort gilt als marode und einsturzgefährdet, und so wirkt es auch schon von außen. Überall wuchern Brombeerranken und anderes Gestrüpp in alle Öffnungen des Gebäudes, Steine sind herausgebrochen, die Decken im oberen Stockwerk teilweise löchrig – man sollte also aufpassen, wo man hintritt. Nur hin und wieder kehrt Leben ein, denn zeitweise wird es für Filmaufnahmen gebucht. Die düstere und verlassene Atmosphäre, die auch an warmen Sommertagen erhalten bleibt, prädestiniert es für Gruselfilme.

↓ Eine ausgetretene und äußerst baufällige Treppe im Backsteinbau

↘ Die zuletzt noch genutzten Pferdeboxen »zieren« nun Graffitis.

Die alte Fassade verschwindet immer mehr hinter Bäumen und Büschen im dichten Gremberger Wald.

GEFÄHRLICHE SUCHAKTION Im Jahr 2004 geriet das Fort IX noch einmal in die Presse. Es gab Hinweise darauf, dass zwei Mädchenleichen auf dem 65.000 Quadratmeter großen Gelände verscharrt worden seien. Polizisten, Biologen sowie Geologen untersuchten, nachdem ein anonymer Brief die Polizei erreicht hatte, in dem auch von einem Kinderschänder-Ring die Rede war, mehrere Wochen lang die Gebäude und Außenanlagen und drehten nahezu jeden Stein um. Keine ungefährliche Suchaktion, denn während des Zweiten Weltkrieges waren Minen im Gelände vergraben worden, die seither auch schon mindestens sechs oder sieben Menschen das Leben gekostet haben. Die Suchtrupps fanden zwar tatsächlich noch einige scharfe Minen, doch von den Leichen keine Spur. Später stellten sich sowohl der Brief als auch die Anschuldigungen als falsch heraus – es war vermutlich eine Racheaktion an dem ehemaligen Pferdestallbesitzer.

Film-Tipps mit Fort-Kulisse

Vielleicht hat ja nun der ein oder andere Leser Lust bekommen, sich einen der Filme anzusehen, die hier gedreht wurden? So entstanden hier zum Beispiel die Lazarettszenen des ZDF-Mehrteilers »Unsere Mütter, unsere Väter«. Dafür wurde das Fort aufwendig umgestaltet, sodass es nach einem russischen Vorort aussah. Aber auch in einigen Szenen aus dem Zweiteiler »Dresden« kann man das Fort erkennen. Einige der Holzverkleidungen und Schriftzeichen, die heute alt wirken, sind während der Filmaufnahmen entstanden. Nicht zuletzt hatte der Jugendfilm »Die schwarzen Brüder« hier seinen Hauptdrehort; dafür wurde das Fort allerdings in einen Mailänder Marktplatz verwandelt.

11

WO URALTE BÄUME ÜBER DIE TOTEN WACHEN

Die Gedenkstätte Gremberger Wäldchen

Umgeben von den ältesten Bäumen im Gebiet der Stadt Köln, befand sich ein Gefangenenlager der Nationalsozialisten. Die furchtbaren Geschichten, die sich hier zugetragen haben, lassen Besucher heute noch erschauern.

Adresse E 40, 51107 Köln **GPS** 50.916448, 7.019156
Anfahrt Mit der Stadtbahnlinie 7 bis Westhoven Kölner Straße

Die Gedenkstätte im Gremberger Wald erinnert an die grausamen Morde an sowjetischen und polnischen Häftlingen.

EINE BUCHE AUS DEM 18. JAHRHUNDERT Leider ist er zerstückelt, im Süden rast der Verkehr der A4 vorbei, im Osten führt die Bahntrasse nach Deutz und im Westen verbinden die Gleise Gremberg und Kalk. Nein, beschaulich und geruhsam geht es hier wirklich nicht mehr zu, dennoch stehen hier die letzten Reste natürlichen Waldes in Köln, wahrscheinlich auch der älteste Baum der Stadt, eine Buche aus dem 18. Jahrhundert. Trotzdem trifft man hier viele Spaziergänger, denn das, was vom Wald noch übrig ist, ist immer noch staunenswert.

WILDE URSPRÜNGE Der Gremberger Wald und der dort liegende Gremberger Hof wurden bereits im Jahr 1003 erwähnt. Damals gehörte dies alles zu der Abtei Deutz. Während der französischen Besatzung diente das Gebiet als Jagdrevier. 1802 dann musste der Wald aber von der Kirche an den Staat abgetreten werden, von dem ihn 1899 schließlich die Stadt Köln abkaufte. Ein Forsthaus und einige Gebäude des Gremberger Hofes gehörten zum Kauf. Damals war der Wald nahezu unberührt und wild, völlig zugewuchert, sodass für Spaziergänger kein Durchkommen war. Der Stadtobergärtner Hermann Robert Jung wurde beauftragt, den Wald zu erschließen. Er legte ein Wegenetz an und dünnte die Pflanzen aus, erhielt aber den Charakter und Baumbestand weitestgehend. Es wurde 1912 ebenfalls ein neues Forsthaus mit einem Gastgarten gebaut, welches sehr beliebt und gut besucht war. Heute ist es noch erhalten, jedoch in Privatbesitz.

Die Statue des Künstlers Balke mit dem Zitat von Bertold Brecht

DIE TOTEN IM WALD Betritt man dieses kleine Waldstückchen, ahnt man nicht, dass es auch eine düstere Vergangenheit hat und ein grausames Verbrechen verbirgt. Am 8. April 1945 wurden hier ungefähr 30 zu großen Teilen sowjetische und polnische Häftlinge unter der nationalsozialistischen Regierung ermordet. Zu dieser Zeit war das linksrheinische Köln bereits seit mehreren Wochen von den Amerikanern besetzt. Dennoch setzten deutsche Uniformierte das Barackenlager, in dem die Gefangenen lebten, in Brand, erschossen die fliehenden Menschen und ließen mehrere kranke Menschen, die nicht fliehen konnten, bei lebendigem Leib verbrennen. An der Stelle, wo heute eine kleine, sehr schlicht gehaltene Gedenkstätte eingerichtet ist, wurde das Massengrab der Opfer gefunden; die Identität der Menschen ist bis heute ungeklärt. Hier, unter den alten Bäumen muss sich das Zwangsarbeiterlager befunden haben. Vermutlich führt der Schotterweg, der von der Stadt Köln angelegt wurde, direkt hindurch, allerdings gibt es im Wald selbst keine Hinweise. Untergebracht waren hauptsächlich kranke Zwangsarbeiter und Zwangsarbeiterinnen, die meist unter Tuberkulose litten – gesund werden sollte hier wohl niemand mehr. Es gab keinerlei Behandlung, und das Essen war noch weniger nahrhaft als in den Industriebetrieben, wo die Menschen vorher untergebracht waren. Seit 1939 bereits existierte der Barackenbau, in dem zuerst Arbeiter untergebracht waren, die die Autobahn in Köln ausbauen sollten. Das Lager hatte ein Fassungsvermögen von 150 Personen, insgesamt waren aber wohl über 800 Menschen über die Jahre verteilt dort untergebracht, von denen mehr als 500 umkamen. Nicht alle Menschen starben dort, einigen gelang die Flucht oder sie wurden in andere Lager verlegt. Auch Frauen waren dort wohl inhaftiert, denn es gab auch eine Entbindungsstation. Zwischen 1943 und 1945 sind 77 Kinder geboren worden, 18 starben, die meisten von ihnen verhungerten.

ZUM GEDENKEN Die Gedenkstätte Gremberger Wäldchen ist von einem einfachen Jägerzaun eingefriedet, innen schlängelt sich ein kleiner Steinplattenweg hindurch. Zuvorderst liegt ein Gedenkstein mit deutscher Inschrift, einige Meter dahinter ein großer Stein mit kyrillischer Schrift; dieser stand zuerst hier; von wem er stammt, ist unbekannt. Der deutsche Stein wurde 1985 auf Initiative der Vereinigung der Verfolgten des Naziregimes aufgestellt, gleichzeitig kam eine Bronzestatue des Kölner Künstlers Klaus Balke dazu. Auf der Tafel steht: »*Hier sind 74 sowjetische Bürger begraben, die während ihrer Gefangenschaft unter dem Faschismus in den Jahren 1941 bis 1945 ermordet wurden.*« Die kyrillische Schrift hat die gleiche Bedeutung. Und auf der Bronzestatue findet sich ein Zitat der »*Kriegsfibel*« von Bertold Brecht: »*Und alles Mitleid, Frau, nenn ich gelogen,| das sich nicht wandelt in den roten Zorn, | der nicht mehr ruht, bis endlich ausgezogen, | dem Fleisch der Menschheit dieser alte Dorn.*« Unfassbarer Weise wurde das Kunstwerk im Jahr 2020 gestohlen. Daraufhin fertigte Klaus Balke ein

Nur ein unscheinbarer Jägerzaun mitten im Wald umfasst die Gedenkstätte.

Keramikrelief mit den gleichen Figuren an, das 2021 aufgestellt wurde.

Kölner Waldführung

Wer sich nach dieser Besichtigung noch näher mit dem Kölner Wald befassen möchte, kann an einem Waldspaziergang durch den Kölner Grüngürtel mit der von Peter Wohllebens Waldakademie zertifizierten Waldführerin Rosi teilnehmen (sinnbar.de). Die Veranstaltung dauert ungefähr zwei Stunden und gibt sowohl Einblicke in das sensible Ökosystem Wald als auch in die lokalen Besonderheiten des Kölner Stadtwalds.

Nichts weist darauf hin, dass sich hinter dieser unauffälligen Stahltür der Versorgungstrakt des Bunkers befand.

12

IM SCHUTZ DER U-BAHN-HALTESTELLE

Der Atombunker Köln-Kalk

In der Kölner U-Bahn-Haltestelle Kalk Post sollten – auf engstem Raum zusammengepfercht – Durchreisende den Dritten Weltkrieg, einen Atomkrieg, überleben. Zumindest für zwei Wochen. Ob das gutgegangen wäre?

Adresse Robertstraße 2, 51105 U-Bahn **GPS** 50.937452, 6.998310
Anfahrt Mit der Stadtbahnlinie 1, 9 bis Kalk Post

DAS TOR ZU EINER VERBORGENEN WELT Betritt man den U-Bahnhof Köln Kalk Post, ahnt man nicht, dass sich auf der Ebene des Kiosks auch die Tür zu einer anderen, verborgenen Welt öffnen kann. Hier liegt der erste und einzige fertiggestellte Atombunker der Stadt. Tatsächlich führt die Tür allerdings nicht in den Bunker, denn ohne es zu ahnen, steht man schon längst mittendrin in der seit 2005 aufgegebenen Anlage. Die Türen führen lediglich in den Versorgungstrakt mit Küche, Waschräumen, aber auch medizinischer und anderer Versorgung inklusive der Luftfilter, die das Eindringen atomar verseuchter Luft verhindern sollten. Als Bunker war also die gesamte U-Bahn-Haltestellen-Anlage gedacht.

DER SCHUTZBAU Fährt man mit der Rolltreppe vom Straßenniveau hinab in das Zwischengeschoss, in dem sich der Kiosk befindet, stößt man direkt am unteren Ende der Rolltreppe auf andersfarbige, hellere Bodenplatten. Bei genauerem Hinsehen bemerkt man, dass diese herausnehmbar sind. Zwischen den blauen Wandpaneelen sieht man Schlösser; dahinter befinden sich riesige Stahlplatten, mit denen der Bunker luftdicht entlang der hellen Bodenfliesen verschlossen werden sollte. Luft sollte nur durch spezielle Luftfilteranlagen in den Atombunker gelangen. Die zugehörigen Lüftungskästen – vielleicht hat sich ja der ein oder andere schon über diese Kästen gewundert und gefragt, welchem Zweck sie dienen – stehen unvermittelt im Grünstreifen auf der Kalker Hauptstraße, extra so platziert, dass im Dritten Weltkrieg einstürzende Häuser sie nicht hätten zertrümmern können. Geht man bis ans Ende der U-Bahn-Haltestelle, findet man im Dunkeln noch Schilder an verschlossenen Türen, die auf Aufenthaltsräume hinweisen. Schlafen sollten die Untergeschlüpften eng an eng in Etagenfeldbetten – und sogar in den Straßenbahnen, die an der Haltestelle geparkt werden sollten. Die Mauern sind aus 1,4 Meter dickem Beton. Die aus Spezialstahl hergestellten Türen, die die Menschen vor der Außenwelt schützen sollten, sind 40 Zentimeter dick – und nur eine einzige Firma in Deutschland konnte diese fertigen. Ganze 2500 Quadratmeter misst der gesamte Bunker.

NUR FÜR AUSWÄRTIGE Die Anlage sollte exakt 2366 Menschen vor einem drohenden nuklearen Angriff schützen. Gebaut wurde der Bunker im Jahr 1979, zu Zeiten des Kalten Krieges, als man in ständiger Angst vor einem Krieg der Großmächte in Ost und West lebte, fertiggestellt 1980. 14 Tage wären die Türen verschlossen geblieben, dann hätte man nachschauen müssen, wie es draußen aussah. Der Bunker war allerdings nicht für die Anwohner von Kalk konzipiert, vielmehr sollten hier die Menschen bleiben, die mit der Bahn zur Arbeit oder nach Hause fuhren und durch diesen Bahnhof kamen. Nach den ersten 2365 Menschen hätte der Türwächter die Tür hinter sich verschlossen. Die Bewohner Kölns sollten hingegen am besten zu Hause bleiben und in ihren eigenen Schutzbunkern unterkommen (damals gab es Förderungen für den Bau privater Schutzanlagen). Doch auch für die »Glücklichen« im Bunker wären die zwei Wochen wahrscheinlich zur Qual geworden: Jedem stand nur ein winziger Platz zur Verfügung, es gab keinerlei Rückzugsmöglichkeit. Zusammengepfercht mit Wildfremden hätte ein Sozialexperiment unter dem Eindruck eines Atomkrieges begonnen. Noch heute ist nicht nur die Vorstellung eines Atomkriegs bedrückend, sondern bereits das zweiwöchige Eingeschlossensein fern von Freunden, Verwandten … und Tageslicht. Das alles bei kühler Fertigkost und bitterkaltem Wasser. Immerhin waren die Wände in einer Farbe –

ein leichtes Ockergelb – gestrichen, die nach damaligem Stand der Wissenschaft beruhigen und die Zahl von Suiziden minimieren sollte. Na dann!

VERSORGUNG AUF SPARFLAMME Im Kalker Atombunker gab es eine eigene Stromversorgung, Öltanks, Zisternen, Luftfilter, eine Krankenstation, Liegen usw., quasi wie eine Stadt unter der Stadt. Die Aufbauten für die frische Luft kann man noch immer sehen; diese sind mit Filtern ausgestattet, damit keine Giftstoffe ins Innere gelangen konnten. Der Versorgungstrakt selbst ist heute ein Museum. Dort sieht man den Raum für die medizinische Betreuung, eine kleine Küche, die allerdings nicht zur Versorgung der Untergekommenen dienen sollte, da eine Verköstigung mit warmem Essen einerseits zu aufwendig gewesen wäre, andererseits die Dämpfe den Feind auf den Bunker hätten hinweisen können. Sie diente nur für Notfälle, etwa wenn Babynahrung zubereitet werden musste. Die Versorgungsleitungen waren so eingerichtet, dass selbst Laien sie nach kürzester Einweisung benutzen konnten. Die Toiletten waren aus Kostengründen mit Duschvorhängen abgetrennt, zum Waschen gab es nur bitterkaltes Wasser. Wahrscheinlich war es seinerzeit wichtiger, Fördergelder zu erhalten, als eine halbwegs menschengerechte Unterbringung zu gewähren – oder man hat an den Dritten Weltkrieg gar nicht geglaubt. Wie auch immer – jedenfalls erreichte die Stadt Köln ihr Ziel, die Baukosten auf sieben Millionen D-Mark zu begrenzen.

KRIEG MIT ANKÜNDIGUNG Der Bunker wäre übrigens bei einem Angriff nicht sofort einsatzbereit gewesen, es brauchte schon eine Vorlaufzeit von ungefähr zwei Wochen, um alles so herzurichten, dass hier Menschen untergebracht werden konnten. Die Öltanks hätten befüllt, die Lebensmittel beschafft werden müssen. Man ging einfach davon aus, dass ein Atomangriff angekündigt worden wäre. Für jede Person, die im Bunker

Wie oft fährt man an diesem Luftschacht vorbei, ohne zu wissen, dass er im befürchteten Atomkrieg dienen sollte.

Die weißen Bodenplatten zeigen, an welchen Stellen die Stahltüren den Schutzraum luftdicht verschließen sollten.

untergekommen wäre, gab es einen Sitzplatz, der nachts behelfsmäßig zu einer Schlafgelegenheit umgebaut werden konnte. Überall wären Stockbetten gestanden, selbst auf den Bahnsteigen; sogar die Sitze in den abgestellten Straßenbahnen waren als Plätze eingerechnet. Es gab auch einen Vorratsraum von etwa 20 Quadratmetern, dieser sollte mit sogenannten »Einmannpacks« bestückt werden – kleinen Kartons, in denen Kekse, Nudeln oder Grießbrei verpackt waren und die pro Person für zwei Tage reichen sollten. Die Küche hatte ungefähr dieselben mageren Ausmaße, unvorstellbar, wie es zugegangen wäre, wären wirklich 2366 Personen hier unten gewesen. Zwei riesige Wassertanks sollten die Flüssigkeitsversorgung sicherstellen. Die Spülung der Toiletten führte auf die Kalker Hauptstraße, 50 Menschen hätten sich eine Toilette teilen müssen. Heute kann man den Bunker nicht mehr nutzen, die Technik wird seit 2005 nicht mehr gewartet. Der »Bunker« führt seinen Titel zudem zu Unrecht, denn ein solcher soll vor einer direkten Detonation schützen. Im Kalker »Bunker« hätte man aber nur vor der mittelbaren Gefahr Schutz gefunden, wenn der Einschlag in mindestens 20 Kilometer Entfernung stattgefunden hätte. Die Anlage hätte also lediglich vor radioaktiven Niederschlägen oder herabfallenden Trümmerteilen geschützt.

Bunker-Führung

Einmal im Monat finden Führungen durch den Versorgungstrakt des Bunkers statt. Für diese kann man sich im Internet (welt.unter.koeln/1-Atombunker.html) anmelden. Das Museum ist außerhalb der Führungen nicht zugänglich.

13

EIN DURCHGANG UNTER DEM RHEIN

Der Versorgungstunnel RheinEnergie

Ein düsterer Ort der anderen Art: In 25 Meter Tiefe führt ein 461 Meter langer, nur spärlich beleuchteter Tunnel mit einem Durchmesser von lediglich drei Metern unter dem Rhein durch. Das ist nichts für Menschen, die klaustrophobisch veranlagt sind.

Adresse Kennedy-Ufer/Charles-de-Gaulle-Platz **GPS** 50.941988, 6.968648
Anfahrt Mit dem Zug/Regionalexpress/der S-Bahn bis Köln Messe/Deutz oder der Stadtbahnlinie 1, 7, 9 bis Deutzer Freiheit

Das blaue Licht kennzeichnet die Mitte des Rheins, dessen tiefster Punkt sich nur knapp über der Tunneldecke befindet.

DEN RHEIN MAL ANDERS QUEREN Neben den sieben Rheinbrücken gibt es – nur wenige Meter parallel zur Hohenzollernbrücke – einen Tunnel, durch den man auf die andere Rheinseite gelangen kann. Allerdings handelt es sich hierbei nicht um einen öffentlichen Durchgang für Fußgänger oder gar Verkehrsmittel, sondern um einen Versorgungstunnel, über den die Firma RheinEnergie heißes Wasser transportiert. Der Zugang besteht nur für geführte Gruppen und nach entsprechender Anmeldung beim Energieunternehmen.

DIE URSPRÜNGE Ab Mitte der 1970er-Jahre verstärkte die RheinEnergie ihr Bemühen, Heizkraftwerke einzusetzen und ein Fernwärmenetz in Köln zu errichten. Bei einem Heizkraftwerk handelt es sich um ein Kraftwerk für die Stromerzeugung, in dem das zur Kühlung eingesetzte Wasser nicht schlicht beispielsweise in einen Fluss eingeführt, sondern für Heizungen und Warmwasser beim Verbraucher verwendet wird. Das heiße Wasser wird über ein Fernwärmenetz zum Verbraucher transportiert, wo es den Heizkreislauf und das Brauchwasser erhitzt. Hat es seine Wärme dort abgegeben, fließt es wieder zurück ins Kraftwerk, und der Kreislauf beginnt von vorne. Auf dem Transportweg verliert das warme Wasser dabei allenfalls fünf Prozent seiner Temperatur. Ein Heizkraftwerk kommt so auf eine Effizienz von bis zu 90 Prozent der eingesetzten Energie, während herkömmliche Kraftwerke im Vergleich lediglich einen Effizienzgrad von etwa 40 Prozent erreichen können.

BAU IN REKORDZEIT Da sich die Heizkraftwerke der RheinEnergie auf der linken Rheinseite befinden, war es zunächst unmöglich, auch die Schäl Sick mit Wärme zu versorgen. So musste die RheinEnergie eine Lösung finden, den Rhein zu queren. Eine erste Idee war es, eine Leitung unterhalb der Hohenzollernbrücke zu montieren, was im Zuge einer Erweiterung der Brücke hätte erfolgen sollen. Doch letztendlich dauerte dies zu lange – und heute geht man davon aus, dass der Fernwärmeleitung die Erschütterungen der über die Brücke rollenden Züge (mit täglich 1220 Zügen ist sie die meistbefahrene Eisenbahnbrücke Deutschlands) ohnehin nicht gut bekommen wären. Also musste rasch eine andere Lösung her: In Rekordzeit, nämlich innerhalb von nur zwei Jahren (1983 bis 1985) von der Planung bis zur Vollendung, baute die Firma Hochtief für die RheinEnergie den heutigen Tunnel. Die Ho-

In diesem unscheinbaren Betonzylinder befindet sich der Zugang zum Rheintunnel.

henzollernbrücke wurde stattdessen von 1985 bis 1989 um eine S-Bahn-Trasse erweitert.

IN DER UNTERWELT Der Eingang in den Tunnel befindet sich auf der Deutzer Seite in einem kleinen, unscheinbaren Betonpilz, nur wenige Meter nördlich der Hohenzollernbrücke. Über eine Gittertreppe (nichts für schwache Nerven!) gelangt man auf eine Plattform, von der aus es in den Tunnel geht. Auf der Plattform sind einige Fundstücke ausgestellt, die man beim Ausgraben des Tunnels gefunden hatte: unzählige Findlinge, aber auch Bombensplitter und gar Teile der ehemaligen, am 6. März 1945 von der sich zurückziehenden Wehrmacht gesprengten Brücke. Mit derartigen Hindernissen hatte man beim Bau gut sechs Meter unterhalb der Rheinsohle nicht gerechnet, aber offensichtlich wühlt Vater Rhein ganz gewaltig den Boden um. Zwischen Bomben und zerstörten Brückenteilen kommt einem der Zweite Weltkrieg noch einmal sehr nah. Über eine kleine Treppe geht es schließlich in den Tunnel unter dem Rhein. Sein Ende ist nicht zu sehen, man geht ins Ungewisse, nimmt nur sich unendlich aneinanderreihende Gitterroste wahr. Zwei riesige Röhren am linken und rechten Rand der (innen) drei Meter breiten (oder vielmehr schmalen) Röhre sowie ein Kabelkanal sind zu sehen. Diese hatte man seinerzeit erstmals mit einer neuen Vorschubtechnik gebaut. Dabei wurden die im Außendurchmesser 3,60 Meter dicken Betonröhren nacheinander vom rechtsrheinischen Zugang in den Tunnel ge-

Durch diese Versorgungsrohre werden die Bewohner der Schäl Sick mit Fernwärme versorgt.

Fundstücke von der im Krieg eingestürzten Brücke, die während des Baus aus dem Schlamm gezogen wurden.

schoben, bis sie ihr Ziel am linken Rheinufer gefunden hatten.

AM ZIEL In der Mitte des Rheines versinnbildlichen blaue Lichter das sich über uns befindliche Wasser. Von hier aus kann man selbst bei Hochwasser gut die Schiffe hören, die über einen hinwegfahren. So muss es sich wohl auch in einem U-Boot anfühlen? Auf jeden Fall ist dieser Ausflug nichts für zartbesaitete Nerven oder Menschen, die unter Klaustrophobie leiden. Endlich auf der linken Rheinseite angekommen, geht es wieder über eine Gittertreppe hinauf in das Parkhaus, welches sich unter dem Musical Dome befindet. Entlang der Treppe kann man noch verschiedene Technik für die Fernwärme besichtigen, dann ist es geschafft! Endlich wieder Tageslicht nach einem leicht mulmigen Spaziergang durch die Unterwelt.

Über dem Rhein

Auf dem Hin- oder Rückweg kann man über die Hohenzollernbrücke schlendern und die mehr als 40.000 Liebesschlösser bewundern, deren Schlüssel die verliebten Paare in den Rhein geworfen haben dürften, während sie dabei vielleicht den Song »Schenk mir Dein Herz« von De Höhner hörten, der von den Liebesschlössern an der Hohenzollernbrücke handelt. Mittlerweile haben die Schlösser ein Gesamtgewicht von 22 Tonnen, machen damit aber weniger als ein Promille des Gesamtgewichts der Brücke aus. Der in der Vergangenheit angekündigte Zusammenbruch der Brücke stellte sich schnell als Aprilscherz heraus. Fortgeschrittene können das Schloss der Sängerin Pink suchen, auf dem allerdings ihr bürgerlicher Name – Alecia – eingraviert ist.

Straßenansicht von Alt St. Alban mit einem erhaltenen Fenster; im Hintergrund sind die Kirchenschiffe erkennbar.

14

DIE AUSGEBOMBTE KIRCHE

Alt St. Alban – ein Mahnmal gegen den Krieg

Fast könnte man diese Kirche im Vorbeigehen übersehen, denn kaum jemand würde hier eine weitere Kirche erwarten … oder vielmehr die Fragmente, die von ihr aus dem Zweiten Weltkrieg noch übrig geblieben sind.

Adresse Quatermarkt 4, 50667 Köln **GPS** 50.936970, 6.957943
Anfahrt Mit der Stadtbahnlinie 5 bis Rathaus

NOCH EINE KIRCHE? Ganz unauffällig am Straßenrand befindet sich die Ruine von Alt St. Alban. Die Fassade hebt sich nicht von den Nachbarhäusern ab, die meisten Passanten gehen achtlos weiter. Doch wenn man tatsächlich stehen bleibt und sich mit der im Zweiten Weltkrieg bis auf die Grundmauern ausgebombten Kirche befasst, läuft es einem kalt den Rücken runter. Wie ein Skelett stehen die noch erhaltenen Reste hinter Gittern. Das Gerippe trug offenbar mal ein Dach, welches inzwischen vollständig fehlt, genauso wie nahezu alle Fenster. Beeindruckend verschieben sich die Ebenen, wenn man auch nur einige Zentimeter weiter nach rechts oder links geht. An der Außenfassade sieht man über der Hausnummer 6 noch eine biblische Szene als Triptychon aus Stein. Eine scheinbar frierende Statue kniet flehend auf dem Boden, dem Mann gegenüber eine ebenfalls Kniende, mit dem Kopf tief nach unten gebeugt in tiefer Trauer. Und eine metallene Skulptur mahnt: »Noch warten Kriegsgefangene auf ihre Heimkehr.«

DIE ANFÄNGE Die Ruine der Kirche Alt St. Alban am Quatermarkt entstammt einer der ältesten romanischen Kirchen der Stadt Köln. Sie wurde bereits im Jahr 1172 erstmals als »ecclesia S. Albani« erwähnt, das vermutete Baudatum liegt im 9. Jahrhundert. Alban war ein Heiliger und einer der ersten Märtyrer aus Britannien; er emigrierte als Heide, wurde aber von einem christlichen Priester zum Glauben bekehrt und getauft. Als die Römer kamen und den Priester im Haus des Alban töten wollten, zog Alban das Gewand des Priesters über und wurde an dessen Stelle verhaftet und enthauptet. Im Mittelalter wurde die Kirche St. Alban des Öfteren umgebaut und vergrößert, um schließlich zwischen 1668 und 1672 zu einer Hallenkirche umgebaut zu werden.

KONTRASTE Heute ist von dem alten Kirchengebäude nicht mehr viel übrig geblieben, wurde es doch im Zweiten Weltkrieg mehrfach von Bomben getroffen und beim letzten großen Fliegerangriff am 2. März 1945 bis auf die Außenmauern zerstört. Nur einige Pfeiler im Inneren und ein Teil des Turmes blieben stehen. Auch die St. Alban gewidmete Glocke ist erhalten; sie wurde nicht von den Nazis beschlagnahmt, sondern schlägt heute in der Kirche St. Gereon. Ein Wiederaufbau kam für die Kirche nie infrage, die Ruine wurde vielmehr nur gesichert und blieb als Mahnmal bestehen. 1954 wurde sie von Erzbischof Joseph Kardinal Frings kurz vor Weihnachten freigegeben, und so konnte die Stadt das Gebäude in die Planung des Gürzenich mit einbeziehen. Bedingung des Kardinals war gewesen, dass die Kirche den Charakter eines geweihten Ortes behalten

Das Gerippe der Kirchenruine lässt einen Blick auf die verschiedenen Ebenen zu.

sollte. So liegen heute Partylaune und Trauer sehr nah beieinander, sind doch Teile der Ost- und Südmauern von Alt St. Alban in das Treppenhaus und Foyer der Festhalle integriert, und durch ein großes Fenster hat man von dort einen guten Blick in die Mitte der Kirche. Betreten kann man sie allerdings nicht: die offenen Türen sind vergittert. Doch auch von außen kann man alles sehr gut sehen. In unregelmäßigen Abständen ist es zudem einige Male im Jahr möglich, den Turm von innen zu besichtigen, hier befindet sich die St.-Bruder-Konrad-Kapelle (www.altes-koeln.de/wiki/st._alban).

VERBORGENE SCHMUCKSTÜCKE Steht man heute vor Alt St. Alban, überkommt einen ein beklemmendes Gefühl. Mit einem Blick durch die Gitterstäbe sieht man im Mittelpunkt das »Trauernde Elternpaar« der Bildhauerin Käthe Kollwitz. Die Nachbildung ihrer Skulptur befindet sich seit 1959 im Innenraum der Kirche – die Originale stehen auf dem deutschen Soldatenfriedhof in Vladslo in Belgien. Die Künstlerin hat die Skulptur 1931 für ihren Sohn Peter, der 1914 in Flandern im Krieg gefallen war, angefertigt. Die Gesichter der Figuren sind denen von ihr und ihrem Ehemann nachempfunden. 18 Jahre brauchte sie für diese Arbeit. Überdeutlich wird hier das Leid der damaligen Zeit sichtbar und lässt auch den Betrachter sprachlos und betroffen zurück. Für die Repliken, die auf Wunsch von Theodor Heuss gefertigt werden sollten, wurde Ewald Mataré beauftragt, der den Auftrag wiederum an seine Schüler Joseph Beuys und Erwin Heerich weitergab. Die beiden fertigten die Figuren aber etwas größer an als die Originale. Im Inneren der Kirchenruine ist noch ein weiteres Mahnmal versteckt; eine Tafel, die an die Kriegsgefangenen und ihre Schicksale erinnern soll. Zwischen den Jahren 2000 und 2007 wurde die Kirchenruine mit den Mitteln der Imhoff-Stiftung und des Landes Nordrhein-Westfalen denkmalgerecht aufgearbeitet. Heute ist sie ein wichtiges »Mahnmal für die Toten zweier Weltkriege«.

Diese Tafel erinnert an das Schicksal von Kriegsgefangenen.

Vom Museum aus betrachtet

Wenn Sie die Kirche noch von einer anderen Seite aus betrachten möchten und zudem kunstinteressiert sind, gehen Sie doch in das Wallraf-Richartz-Museum. Dieses ist direkt an das Kirchengebäude angebaut. Durch ein riesiges Glasfenster haben Sie Einblick in den Innenraum auf das trauernde Paar. Das Museum selbst ist das älteste der Stadt Köln und beherbergt eine der größten klassischen Gemäldesammlungen in Deutschland (wallraf.museum).

Das Fenster des angrenzenden Gürzenichs sorgt für einen atemberaubenden Spiegeleffekt.

15

FRAGMENTE EINER SÜSSEN VERGANGENHEIT

Die Schokoladenfabrik Stollwerck

Ein Turm und Schwungräder mitten zwischen Mehrfamilienhäusern? Viel deutet nicht mehr darauf hin, dass hier einmal köstliche Stollwerck-Schokolade hergestellt wurde. Bei einem Spaziergang durch diesen Teil Kölns lassen sich aber dennoch alte Spuren entdecken.

Adresse Annostraße, 50678 Köln **GPS** 50.923740, 6.961902
Anfahrt Mit der Stadtbahnlinie 15, 16, 17, 18 bis Chlodwigplatz

Im Bürgerhaus Stollwerck finden heute kulturelle Veranstaltungen wie Theater und Konzerte statt.

DIE ROTEN RÄDER Tritt man an der Annostraße in einen Innenhof, steht man plötzlich vor großen roten Schwungrädern, die in ein gekacheltes Betonpodest eingelassen sind. Nur ein ziemlich zerkratztes, verrostetes und verbeultes Hinweisschild, welches sich neben diesem Industrierelikt findet, weist noch darauf hin, worum es sich handelt. All diese Maschinenteile gehörten zur Kühlanlage einer Schokoladenfabrik, die zusammen mit einem einige Meter weiter weg stehenden, abgebrochenen Schornstein das Leben dieses Viertels jahrzehntelang prägte. Denn 1839 begann die Firma Stollwerck hier Schokoladenriegel herzustellen. Die vier stählernen Räder, die durch Achsen und Zahnräder miteinander verbunden sind, trieben die Kompressoren an, die die heiße Schokoladenmasse herunterkühlten. Heute sind die Schwungräder von Graffitis verschmiert, die rote Farbe blättert teilweise ab. Das Podest ist an vielen Stellen brüchig, die Kacheln platzen ab, teilweise fehlen sie ganz, Gras und Moos wachsen durch alle Ritzen und Spalten. Wozu einige Rohre mit Hähnen zum Auf- und Zudrehen gut waren, entzieht sich unserem Wissen. Der Schornstein ist zweifarbig verklinkert, in den »guten alten Zeiten« muss er einmal sehr stolz und hübsch anzusehen gewesen sein, heute fehlen selbst dem verbliebenen Stumpf einige Steine. Der untere Ring weist ein hübsches Muster auf. Ein Bauzaun steht etwas wacklig vor dem Eingangstor, welches ein paar Stufen weiter unten in den Turm hineinführt; besser, man betritt das kleine Gebäude nicht mehr, hier scheint Einsturzgefahr zu bestehen. Die Geländer an der Treppe sind verbogen und rostig, keinen scheint es zu kümmern. Unkraut wuchert auch aus allen Spalten des Schornsteins. Der untere Teil war einmal weiß verputzt, heute ist alles nur noch grau, vieles abgeblättert, sogar abgeschlagen und völlig beschmiert.

Zwischen den Wohnhäusern lugt ein Stück Mauer nebst eiserner Leitung heraus.

EINE KLEINE BÄCKEREI Schokoladenfabrik Stollwerck – das muss beim Bürgerhaus Stollwerck liegen, oder etwa nicht? Na ja, »bei« ist zwar nicht ganz verkehrt, aber eben auch nicht so ganz richtig. Das heutige Bürgerhaus Stollwerck war das im Jahr 1906 errichtete Preußische Proviant Magazin in unmittelbarer Nähe zum Fabrikgelände auf der gegenüberliegenden Straßenseite. Auch die heutige Kindertagesstätte in der Zugasse mag zwar noch an alte Zeiten erinnern und stellt eine bemerkenswerte Symbiose aus Alt und Neu dar, gehörte aber nicht direkt zur Schokoladenfabrik. Von dieser ist nahezu nichts übrig geblieben, nur Fragmente erinnern an eine glorreiche Zeit industrieller Schokoladenproduktion, der eine für Köln unvergleichliche Hausbesetzung bis zum Abriss des Gebäudes folgte. Doch der Reihe nach … Wie schon erwähnt, gründete Franz Stollwerck 1839 in der Blindgasse das Unternehmen als kleine Mürbebäckerei, in der er neben Zwieback und Mutzen auch Schokolade als Getränk anbot. Er baute seine Bäckerei immer weiter aus, mit seinen »Stollwerckschen Brustbonbons« erhielt er 1847 sogar das Hoflieferantendiplom des Prinzen Friedrich von Preußen. In den Jahren 1880 bis 1882 wurde die Fabrik unter anderem um Türme ergänzt, weshalb sie im Volksmund fortan »Kamelledom« hieß. Erstmals wurde das Unternehmen Anfang der 1930er-Jahre, im Anschluss an die Weltwirtschaftskrise, zum Sanierungsfall, von dem es sich letztendlich erst ab 1972 durch die Maßnahmen des Sanierers Imhoff erholte. Mitte der 1970er-Jahre gab die Firma Stollwerck ihr traditionsreiches Werk im Severinsviertel auf und zog nach Köln-Porz, von wo sie sich dann im Jahr 2016 endgültig verabschiedete.

VON STOLLWERCK ZUM BOLLWERK Jahrelang war unklar, was nun mit den alten Gebäuden passieren sollte. Sollte man sie abreißen, um neue Wohnungen zu schaffen, oder als eine Art »Mithilfeprojekt« in günstigen Wohnraum umgestalten? Für Letzteres sollten die Bürger selbstständig sozialverträgliche Wohnungen und Künstlerateliers in die Industrieanlage bauen. Die Stadtverwaltung entschied sich schließlich für das Modernisierungskonzept und damit für den Abriss, was heftige Bürgerreaktionen hervorrief. Die Forderungen wurden auch von einiger Lokalprominenz, etwa Wolfgang Niedecken, unterstützt. Am 27. April 1980 veranstaltete die Bürgerinitiative Südliche Altstadt ein »Letzte-Hilfe-Fest«, bei dem 12.000 Steine über eine Menschenkette in die Fabrik gebracht wurden, um dort innerhalb von zwei Tagen unter Anleitung von Architekten zu einer Musterwohnung verbaut zu werden. Während des Festes kam es allerdings zu einem schwerwiegenden Unfall, ein 13-jähri-

↓ Der kunstvoll verzierte Stumpf eines Kamins des Fabrikgeländes

↘ Eine alte Maschine für die Schokoladenherstellung inmitten moderner Architektur

ger Junge fiel in einen ungesicherten Aufzugschacht und starb. Sofort mussten alle Baumaßnahmen gestoppt werden, das Betreten des Geländes wurde verboten. Nach heftigem Protest durfte die Wohnung zwar fertiggestellt werden, aber die Stadt wich von ihrem Plan, das Gebäude abzureißen, nicht ab. Diese Besetzung gilt bis heute als größte Hausbesetzung in Köln. In der Nacht vom 20. auf den 21. Mai 1980 übernachteten erstmals etwa 600 überwiegend junge Besetzer in der Fabrik. Sie zeigten sich freundlich gegenüber Nachbarn, denen sie Kaffee, Kuchen und leckeres Kölsch anboten, doch unerbittlich gegenüber der Polizei. Unter dem Slogan »Macht Stollwerck zum Bollwerk« richteten sie sich stabsmäßig ein und brachten sogar eine Wandzeitung und Flugblätter heraus. Am 6. Juli 1980 wurde die alte Fabrik, nachdem sie 49 Tage besetzt gehalten wurde, schließlich geräumt, und noch am selben Tag startete der Abriss. Deshalb stehen die einzigen verbliebenen Relikte aus vergangenen Tagen heute zwischen modernen Blöcken von Mehrfamilienhäusern.

Das »Stollwerck-Leed«

Wolfgang Niedecken machte aus der Geschichte 1980 zusammen mit seiner Band BAP das »Stollwerck-Leed«, das vom Mut und der Angst der Menschen erzählt, die das Gelände besetzt und sich gegen die Obrigkeit gestellt hatten, von ihren Zweifeln, aber auch der Gewissheit, etwas tun zu müssen, um »sie abzuhalten«. Wer möchte, kann sich das Lied auf YouTube anhören.

Die Schwungräder sind mit Graffitis beschmiert, die Bodenkacheln brüchig.

Der Friedenspark war auch als Wohnzimmer im Grünen für die Bewohner des Viertels gedacht.

16

ZWISCHEN KRIEG UND FRIEDEN

Friedenspark mit Fort I

Der Bronzeadler scheint über allem zu wachen, doch welche Bedeutung er eigentlich hat, ist nur wenigen bekannt. Friedlich ging es im heute sogenannten Friedenspark auf jeden Fall nicht immer zu.

Adresse Hans-Abraham-Ochs-Weg 1, 50678 Köln **GPS** 50.917963, 6.967473
Anfahrt Mit der Stadtbahnlinie 15, 16 bis Ubierring

EIN FORT VERFÄLLT Das Fort I wurde im Jahr 1830 zunächst als Rheinschanze dem Befestigungsring hinzugefügt und durch den immer weiter fortschreitenden Ausbau 1841 schließlich zu einem Fort, in dem bis zu 400 Männer Platz hatten. Der Umbau orientierte sich stark am Grundriss des Vorgängerbaus, weshalb sich das Fort von allen anderen Befestigungsanlagen in Köln unterscheidet. Steht man also heute vor dem imposanten Rundbau, auf dem in großen Buchstaben der Schriftzug »Fort Erzherzog Paul von Mecklenburg« prangt, erinnert er mehr an eine Burg aus alten Zeiten, was sicher auch an den zahlreichen Anbauten liegt. Je weiter man sich im Gelände verliert, desto mehr kann man entdecken. So sind an einer langen Mauer Tafeln für mindestens 20.983 Gefallene des Ersten Weltkrieges angebracht. Wagt man sich eine steile, schmale Treppe hinunter, steht man plötzlich vor einer noch erhaltenen Schießscharte und daneben einer rostigen Tür, die man dort nicht vermutet hätte – einfach so mitten im Mauerwerk. »Hells Riders Cologne« steht dort in Großbuchstaben geschrieben – und höllenartig düster wirkt hier wirklich alles und verkommt immer mehr. Metalldiebe stahlen zum Beispiel die Wasserrohre, die nicht mehr ersetzt wurden. Nun kann dann das Wasser ins Mauerwerk eindringen, bei Frost springt der Beton – viele Risse und defekte Stellen am Gebäude sind deutlich erkennbar. Der Putz ist an manchen Stellen völlig abgeblättert, die Treppenstufen sind abgesunken, sodass man vorsichtig sein muss, wenn man sie besteigt. Meterlange Brombeerranken abseits des Hauptweges tun ihr Übriges, damit das alte Gebäude immer weiter verfällt. Aus Mauerritzen wachsen kleine Bäume und andere Pflanzen und setzen das Gebäude einem natürlichen Verfall aus.

DER WEG ZUM FRIEDEN Schon vor dem Ersten Weltkrieg verlor das Fort I seine eigentliche Bedeutung und wurde zu einer Gartenanlage umgewandelt. Sehr vieles erinnert jedoch auch heute noch an die militärische Vergangenheit; so wurde 1927 auf Initiative von Veteranenverbänden ein Denkmal für die gefallenen Soldaten aus dem Ersten Weltkrieg aufgestellt. Die 15 Meter hohe Säule trägt den Namen »Die Helden von 1914–1918« und wird von einem Adler gekrönt, der aus geschmolzenen Kanonenkugeln vom Künstler Georg Grasegger angefertigt wurde. Eingeweiht wurde dieses Denkmal unter der Schirmherrschaft von Paul von Hindenburg, nach dem der Park damals auch benannt wurde. Unter den mächtigen Schwingen des bronzenen Vogels – ein Mahnmal gegen den Krieg – fanden in den Folgejahren regelmäßig Gedenkveranstaltungen statt. Zwischendurch hatte das Fort aber einen gänzlich anderen Nutzen – es wurde von der in der Nähe gelegenen Universität als Mensa genutzt. Dann kam der Zweite Weltkrieg und auf dem Dach des Gebäudes wurde eine Flugabwehr errichtet. Danach diente das Fort zunächst als Außen-

Das Imagine-Monument wurde demjenigen im New Yorker Central Park nachempfunden.

stelle des Finanzamtes, später als Lager des Gartenbauamtes und wurde schließlich, 1978, von einer Elterninitiative zum Bauspielplatz umgewidmet. Die Stadt war allerdings gegen diese neue Funktion und ließ (ausgerechnet) am Nikolaustag desselben Jahres alle bereits existierenden Holzbauten abbrennen. Das Entsetzen der Eltern, Kinder sowie Anwohner war verständlicherweise groß. Heute trägt der Friedenspark seinen Namen, den er Ende der 1980er-Jahre erhielt, zu Recht, der Spielplatz darf ganz ohne Groll und Gegenwehr genutzt werden. Im Gegenteil, »das Baui« wird von allen sehr geschätzt, auch das von Jugendlichen betriebene Café im Inneren. Am 9. September 2012 wurde zudem das Imagine-Denkmal, benannt nach dem Friedenslied von John Lennon und in Anlehnung an das Denkmal im Central Park in New York, eingeweiht. Der steinerne Kreis kostete die Stadt Köln nichts, drei Auszubildende des Grünflächenamtes fertigten ihn an aus Materialien, die bei anderen städtischen Projekten übrig geblieben waren. Gerade in der heutigen Zeit erhalten das Lied und dieses Denkmal leider wieder eine ganz große Bedeutung.

Wild wuchernder Efeu umrankt den Säulengang im Friedenspark am ehemaligen Fort I.

STRASSE DER GEWALT Vom Oberländer Wall geht der nur 150 Meter lange Hans-Abraham-Ochs-Weg ab, benannt nach einem (laut NS-Regeln) »halbjüdischen« Jungen, der im Herbst 1936 von ein paar Jungen der Hitlerjugend zusammengeschlagen wurde. Diese Täter traten immer weiter auf den Jungen ein, auch als dieser schon am Boden lag und obwohl seine Mutter in Sichtweite war. Abraham Ochs, dessen Vater Jude war und dessen Mutter nach der Heirat zum Judentum konvertierte, verstarb anschließend in einer Klinik. Die Mutter zeigte die Täter nie an, vermutlich aus Angst vor der Rache der Nationalsozialisten. Im September 2002 wurde die Straße von der Stadt Köln offiziell nach dem Jungen benannt, um an diese schreckliche Tat zu erinnern. Die Familie Ochs lebte damals in der Trajanstraße 41 – dort erinnert heute ein Stolperstein an die Ermordung von Hans-Abraham Ochs.

Musikalische Erinnerung

Wie so oft in Köln, gibt es auch zu diesem Ort ein besonderes Lied, das in diesem Fall De Bläck Fööss über den Park geschrieben haben. »Ungerm Adler« heißt es und besingt das Kriegsdenkmal in seiner ursprünglichen Bedeutung. Solange der Adler *»steit ob däm Stein, sulang es et jot, denn als hä domols floch, jo do braat hä nur Elend un Nut« (»steht auf dem Stein, solang ist es gut, denn als er damals flog, da brachte er nur Elend und Not«).*

Über dem Fort wacht der bronzene Friedensadler über die Kinder auf dem anliegenden Bauspielplatz.

17

EINE BRÜCKE MIT GESCHICHTE

Die Kölner Südbrücke

Wer den Rhein entlangspaziert, kommt unweigerlich an der völlig heruntergekommenen Südbrücke vorbei. Ehemals ein wahres Schmuckstück, nagt heute – trotz Denkmalschutz – an allen Ecken und Enden der Zahn der Zeit.

Adresse Alfred-Schütte-Allee 34, 51105 Köln **GPS** 50.916641, 6.971357
Anfahrt Mit der Stadtbahnlinie 16, 17 bis Schönhauser Straße

Die Südbrücke imponiert nicht nur durch ihre Stahlgerüste, sondern auch durch ihre Wachtürme auf beiden Rheinseiten.

Leider sind die Aufgänge mit unschönen Schmierereien besudelt.

DIE GESCHICHTENBRÜCKE Es war Ende des Jahres 1906, als mit dem Bau der Rheinbrücke begonnen wurde, fertig war sie schließlich am 5. April 1910. Die nach der Dombrücke zweite Kölner Brücke war für den Güterverkehr konzipiert und sollte Entlastung für den Verkehr bringen. Die Eisenbahnbrücke, eine Stahlkonstruktion, ist 368 Meter lang und hat zwei Fußgängerwege. Die Aufgänge sind aus Naturstein gemauert und mit reichlich Figurenwerk geschmückt, das vom Berliner Bildhauer Gotthold Riegelmann geschaffen wurde und unter anderem den Vater Rhein oder Agrippina darstellen soll. Über die Bildsprache der Figuren und Sagengestalten sollte die Geschichte und Entwicklung des Rheinlandes erzählt werden. Von ihrer einstigen Schönheit ist allerdings lange schon nicht mehr viel zu sehen. Überhaupt verfällt die gesamte Südbrücke seit Jahren schon, die Brückenkopftürme sind gesperrt, der Müll türmt sich, einige Obdachlose haben es sich hier häuslich eingerichtet und reagieren aggressiv, wenn man »ihrer Brücke« zu nahe kommt. Was ohnehin schwierig ist, denn die Grünflächen um die Türme herum werden nicht mehr gepflegt und die Pflanzen wuchern um das Gemäuer herum und teilweise auch schon in die Fenster und Ritzen hinein. Die Natur findet eben immer einen Weg, wenn man sie lässt.

DIE TODESBRÜCKE Bereits während des Baus der Brücke kam es zu einer Katastrophe riesigen Ausmaßes, bei der acht Arbeiter ihr Leben ließen und 14 weitere verletzt wurden. Ein Gerüst aus Holz brach am 9. Juli 1908 zusammen, als die stählerne Konstruktion des Haupttragewerks aufgestellt werden sollte, und riss neben einigen Brückenteilen 40 Arbeiter mit in den Rhein. Einige hatten Glück und konnten sich, unverletzt, schwimmend ans Ufer retten. Nach diesem Unglück (übrigens nur wenige Tage, nachdem es bereits ein schweres Eisenbahnunglück ganz in der Nähe gegeben hatte, bei dem 22 Soldaten ums Leben gekommen waren) wurde auf eine festliche Einweihungsfeier durch den Kaiser verzichtet. Der Architekt Franz Schwechten hatte die Türme übrigens als Waffenlager und Wachtürme geplant, denn ein möglicher Krieg gegen Frankreich schwang damals bei allen Planungen und Überlegungen immer mit – Brücken waren nun mal wichtige strategische Ziele. In der Zeit des Zweiten Weltkrieges wurde die Südbrücke zwar ein paarmal getroffen, hielt aber lange stand. Heute noch kann man, geht man über die Brücke, zahlreiche Einschusslöcher von Gewehr- und Kanonenkugeln in den Brückenpfeilern und Fassaden erkennen. Am 6. Januar 1945 war ihr Schicksal aber besiegelt: Die Bomben der Alliierten zerstörten die Südbrücke fast vollständig. Damit die Schiffe weiterhin den Rhein passieren konnten, musste der mittlere, 160 Meter lange Brückenbogen, der im Wasser lag und den Verkehr blockierte, weggesprengt werden und konnte so auch nicht mehr für den anschließenden Wiederaufbau genutzt werden. Im Mai des darauffolgenden Jahres konnte die Brücke immerhin eingleisig wieder befahren werden, die Portale und Dachaufbauten der Türme wurden aber nicht wieder hergestellt, im Gegenteil: Teilweise trug man die Turmbauten sogar ab, um die Bogenbrücke über die Rheinallee wieder aufbauen zu können, denn Baumaterial war knapp.

DIE VERLORENE BRÜCKE Seit dem 1. Oktober 1950 ist die Südbrücke in dem Zustand, wie wir sie heute kennen … oder nicht ganz, denn heute sind die Treppenaufgänge mit zahlreichen Graffitis verschmiert, und diejenigen auf der Seite Bayenthals können gar nicht mehr genutzt werden, stattdessen wurden an den Seiten Metalltreppen angebracht. Fassade, Treppen und Fensterbögen beginnen zu bröckeln, auch die Räume in den Brückentürmen gammeln vor sich hin, werden nicht mehr genutzt, können wohl auch nicht mehr genutzt werden, da die Decken mittlerweile einsturzgefährdet sind. Inzwischen steht die Brücke aufgrund der Stahl-Fachwerkbebauung, der bahngeschichtlichen Bedeutung und der neuromanischen Steinbauten unter Denkmalschutz. Doch ihr fehlt alles Repräsentative, vielmehr ächzt sie unter all dem Schmutz, dem Moos auf ihren Steinen und dem zunehmenden Verfall, den keiner stoppt, weil sich keiner für zuständig hält. Ein trauriger Anblick! Steigt man die Brücke auf Seiten der Rheinwiesen hinunter, sieht man sich erneut mit einem dunklen Kapitel aus Kölns Geschichte konfrontiert, das allerdings nochmals hundert Jahre weiter zurückdatiert. Im September 1803 wurden zwei Frauenleichen hier im Gestrüpp direkt am Rhein gefunden, ihre Hälse waren durchgeschnitten. Der Täter wurde rasch gefunden. Es war der Pfarrer Peter Joseph Schäffer, der das Tatmesser einfach in den Fluss geworfen hatte. Der Mörder hatte mit einer der Damen eine heimliche Ehe geführt. Aus Angst, entdeckt zu werden, ermordete er sie und auch gleich noch ihre Schwester. Schäffer wurde noch im selben Jahr in Aachen mit der Guillotine hingerichtet.

Eine der Figuren von Gotthold Riegelmann scheint genervt nach oben zu schauen.

Freiheit

Die kölsche Band BAP, die bereits die Besetzung des Stollwerck-Geländes in Musik verewigt hat, widmete auch der Südbrücke ein Lied mit dem Titel »Met Wolke schwaade«. Vielleicht haben Sie ja Lust, erst mal die knappen vier Stockwerke hinauf auf die Brücke zu erklimmen, um dann – wie Wolfgang Niedecken – mit den Wolken zu träumen. Steht man hier, mitten über dem Rhein, getragen von den leichten Schwingungen der Brücke, spürt man das Gefühl, frei zu sein.

Der Brückenkopfturm am linksrheinischen Ufer dient Obdachlosen als Zuhause.

Auf dem Dach des Zwischenwerkes VII b befindet sich ein Rosengarten, der allerdings nicht mehr gepflegt wird.

18

BEFESTIGUNGSANLAGE MIT ROSENGARTEN

Das Zwischenwerk VIII b

Streift man heute durch den Skulpturengarten rund um das ehemalige Fort, befindet man sich eigentlich mitten im Schützengraben, der die Anlage einst schwer bewehrt umgab. Diese entstand vor allem aus Angst vor dem damals ständig zu befürchtenden Einmarsch der Franzosen.

Adresse Militärringstraße, 50939 Köln **GPS** 50.898759, 6.982316
Anfahrt Mit der Stadtbahnlinie 16,17 bis Heinrich-Lübke-Ufer

ZUM SCHUTZ DER BRÜCKEN Zwischenwerke sind Relikte aus Zeiten, als noch die Preußen in Köln herrschten. Als diese nämlich die Stadt 1815 nach den Napoleonischen Kriegen übernommen hatten, waren die massiven Festungsmauern in einem heruntergekommenen Zustand. Also begannen sie gleich, die Forts wieder aufzubauen, schließlich lebten sie in ständiger Furcht, die Franzosen könnten erneut angreifen. Nachdem alle zwölf Forts wieder fertiggestellt waren, stellten sie jedoch fest, dass die Lücken in der Verteidigungsmauer viel zu groß waren, um die Stadt zu schützen (teilweise betrugen die Abstände bis zu 3,5 Kilometer). Deshalb baute man zwischen die großen Festungen kleinere sogenannte »Zwischenwerke«. Sie waren alle ähnlich aufgebaut, damit die Soldaten, sollten sie einmal die Stellung wechseln müssen, immer wussten, wie das Werk eingerichtet war, wo sich die Schießscharten befanden oder wo die Kanonen hingeschoben werden mussten. Der ganze Festungsring diente damals vor allen Dingen dazu, die Brücken über den Rhein zu schützen. Auch heute noch trägt der alte Festungsgürtel den Namen »Militärring«. Das Zwischenwerk VIII b wurde erst zwischen 1876 und 1878 errichtet, bildete den Abschluss des Äußeren Festungsringes und bot Platz für etwa 150 Soldaten. Heute ist es das am besten erhaltene Festungswerk aus dieser Zeit.

DUNKEL, FEUCHT, KALT Der Eingangsbereich erinnert an eine alte Burg. Kleine Zinnen ragen über winzigen gemauerten Bögen etwas über den Mauerabschluss hervor, darunter der schlichte Schriftzug »Zwischenwerk VIII b«. Auf dem Dach wachsen Bäume. Immer wieder finden sich Schießscharten in den Mauern, die Fenster sind

Im Burggraben sind verschiedene Kunstwerke ausgestellt; diese erinnern an kleine Hobbit-Häuser.

Hinter dem imposanten Holztor befindet sich eine Zugbrücke.

winzig. Wir treten durch eine rot-weiß gestrichene Pforte und gehen als Erstes über einige Holzbalken in das Fort hinein. Innen ist es kalt und feucht. Unangenehm! Kalkablagerungen breiten sich auf den Böden aus. Gegenüber vom Haupteingang können wir noch auf den Schutt und die Trümmer eines nach dem Ersten Weltkrieg gesprengten Durchganges schauen. Ein schmaler Gang verbindet verschiedene Räume, und ein eiserner Reichsadler wacht über einem Bogen des Ganges. Wir befinden uns hier auf der letzten erhaltenen Festungszugbrücke Deutschlands. Nur das Holz wurde zwischenzeitlich erneuert, die Gewichte und Eisenscharniere sowie der Graben sind noch im originalen Zustand erhalten. Geheimwege hinein ins Fort und wieder hinaus gab es nicht. Der Eingang war dreifach gesichert: erst durch ein Eisengitter, durch das die Feinde bereits gesehen und angegriffen werden konnten, danach folgte die Zugbrücke und als drittes Hindernis ein Eisenzaun, der sich vor dem Tor befand. Der Zaun war etwa drei Meter hoch und hatte spitze, nach innen gebogene Stäbe, die die Eindringlinge so quasi in den Graben führen sollten, der mit unzähligen Pfählen, die wiederum mit Stacheldraht versehen waren, ausstaffiert war. Zusätzlich hatte man die Böschungen mit allem bepflanzt, was Dornen hatte, vor allem Rosen und Brombeeren. Im Inneren des Zwischenwerkes ist es dunkel und feucht – so war es wohl auch früher schon. Dort gab es neben den Schlafräumen auch eine Küche und einen Wachraum. Heute können wir hier noch einen Kaminofen begutachten, wie er zur Kaiserzeit wohl auch hätte hier stehen können. Dieses Exemplar wurde allerdings nachträglich eingebaut. Ob solch ein winziger Ofen das Zwischenwerk wirklich beheizen konnte, sei aber dahingestellt. Der Dienst in der Festung war unter den Soldaten nicht sehr beliebt. Allerdings mussten sie ihn auch gar nicht so oft absolvieren, denn es stellte sich heraus, dass Köln im Ersten Weltkrieg gar keine so wichtige Rolle spielen sollte. Zwar hatten insgesamt 52.000 Soldaten und 6000 Pferde Platz in den Festungen, ausgelastet waren diese Plätze allerdings nie.

VOM KRIEG ZUR KUNST Nachdem Deutschland den Ersten Weltkrieg verloren hatte, mussten alle militärischen Anlagen geschleift, sprich entmilitarisiert werden. Das Zwischenwerk VIII b war als Letztes an der Reihe, der Prozess wurde allerdings nie vollständig zu Ende geführt. Deshalb sind heute noch der Festungsgraben mit Teilen der äußeren Mauer, die Kehlkaponniere und die Zugbrücke erhalten. Der damals amtierende Bürgermeister Konrad Adenauer bezog das Gelände in sein Grüngürtelkonzept mit ein. Heute wird der Graben für eine Kunstausstellung genutzt, sieben Skulpturen sind hier zu sehen. Auf dem Dach der Anlage wurde zudem ein Rosengarten angelegt, der inzwischen leider verlassen ist. Man sieht nur noch die prachtvollen Bäume und in der Mitte des Gartens eine sternförmige Auslassung. Offensichtlich musste der Rosengarten wegen der Baufälligkeit des Daches aufgegeben werden. Zweimal im Monat kann man sonntags an einer sehr interessanten, kostenlosen Führung (Spenden werden gerne angenommen) durch die Anlage teilnehmen (welt.unter.koeln).

Die sternförmige Aussparung auf dem Dach wird anscheinend als Grillplatz genutzt.

Zwischenwerk VI b

Das bekannteste Zwischenwerk der Stadt Köln ist nicht das mit der Nummer VIII b, sondern die Nummer VI b. Dort nämlich ist das traditionsreiche Geißbockheim untergebracht. Von der Terrasse haben Sie einen wunderbaren Ausblick auf den Grüngürtel – und auf das Trainingsgelände des 1. FC Köln! Und innen befindet sich ein Restaurant mit Sportsbar und Brauhausküche (geissbockheim-fckoeln.de).

Der Burggraben war ursprünglich stark bewehrt, heute ist er zugänglich und dient als Ausstellungsgelände.

19

SPRICHST DU DIE WAHRHEIT?

Die Strafe der Blutsäule St. Gereon

Auf dem ehemaligen Gelände der auch ansonsten spektakulären Kirche St. Gereon sollen der heilige Gereon und seine Mannen einen Märtyrertod gestorben sein. Eine Säule wurde dabei mit ihrem Blut benetzt. Seitdem soll sie jeden Sünder entlarven können.

Adresse Gereonshof 2, 50670 Köln **GPS** 50.943406, 6.945353
Anfahrt Mit der Stadtbahnlinie 12, 15 bis Christophstraße/Mediapark

Die Blutsäule in St. Gereon wirkt zwar unscheinbar, um sie ranken sich aber düstere Legenden.

↑ St. Gereon imponiert auch durch das Lichtspiel der bunten Fenster.
↗ Die Kirche verbindet mehrere Baustile – die Türme weisen romanische Formen auf.

EINE ZEHNECKIGE KIRCHE St. Gereon – das ist nicht nur einer der drei ältesten Sakralbauten in Deutschland, zudem ist sie eine der schönsten und außergewöhnlichsten Kirchen Kölns. Ihre Geschichte geht bis ins 4. Jahrhundert zurück, als die heilige Helena auf einem römischen Gräberfeld – konkret dem des heiligen Gereon und seiner mehreren Hundert Gefolgsleute – einen Zentralbau mit neun Einbuchtungen (sogenannte »Konchen«) errichten ließ. In der Stauferzeit um das Jahr 1220 wurde der Ovalbau in das heute (zumindest bis zu einer Höhe von 16,5 Metern) noch existierende ungewöhnliche, auch ungewöhnlich schöne Zehneck (Dekagon) umgebaut und mit einer Kuppel überdacht. Im Zweiten Weltkrieg wurde St. Gereon stark beschädigt und war einsturzgefährdet; bis 1985 dauerte es, das imposante Dekagon samt Dachgewölbe wieder aufzubauen.

EINZIGARTIGE KUNSTSCHÄTZE Betritt man heute das Gebäude, steht man zunächst in einer kleinen Kapelle, in der sich eine bedrückende Skulptur von Maria befindet, die den gekreuzigten Jesus in den Armen hält. Die Kirche selbst entführt einen in eine andere Welt: Die unfassbar hohe Decke und die wunderschönen bunten Fenster, aber auch die Krypta aus dem 11./12. Jahrhundert unterhalb des Hauptaltars und eine Taufkapelle mit Fresken aus dem 13. Jahrhundert lassen jeden ehrfürchtig staunen. Im Hauptaltar wird der Schädel des heiligen Gereon als Reliquie aufbewahrt (und eine überdimensionale steinerne Skulptur seines Kopfes liegt auf dem Platz Gereonsdriesch vor der Kirche). An der Nordwand hängt ein Wandteppich, der meist mit einem Vorhang vor dem Sonnenlicht und damit vor dem weiteren Ausbleichen geschützt wird. Dieses als »Josephsteppich« bezeichnete Werk aus der Mitte des 18. Jahrhunderts zeigt in drei Teilen, wie Joseph seine Brüder empfängt, den Auszug Jacobs aus Israel und die Begrüßung Jacobs und Josephs. Bemerkenswert ist, dass die Kamele einer Kreuzung aus Pferden und Dinosauriern gleichen – offenbar hatte der Künstler noch nie in seinem Leben Kamele gesehen. Ein weiterer Teppich, der ursprüng-

Das Gotteshaus ist bekannt
für seine vielen sehr unterschiedlichen Kunstschätze.

Die orangefarbene Kuppel
mit ihren unzähligen kunstvoll gestalteten Fenstern ist unvorstellbar schön.

lich auf der gegenüberliegenden Südwand hing, hat den Zweiten Weltkrieg leider nicht überstanden.

DIE LEGENDE *»Adde fidem, fuit hic pridem fusus cruor idem ad lapidem, si dem me male, punit idem«. – »Glaube mir, hier wurde vor langer Zeit Blut an diesem Stein vergossen, wenn ich mich böse verhalte, straft er.«* So lauten die Worte auf der Inschrift neben der Blutsäule in St. Gereon, hinter der sich eine düstere Legende verbirgt – kein Wunder, dass die Blutsäule von vielen auch »Schreckenssäule« genannt wird. Sie befindet sich direkt neben dem Taufbecken links vom Eingang in die Kirche. Es heißt, sie könne Gut von Böse unterscheiden und das Böse bestrafen, eine Fähigkeit, die ihr das Blut der heiligen thebäischen Märtyrer, das über sie vergossen wurde, verliehen haben soll. Sie hatten in der Legion des heiligen Gereon gekämpft. Die heilige Helena errichtete die Kirche auf den Gräbern Gereons und seiner Gefährten. Gereon ist einer der Stadtheiligen Kölns. Eine Legende besagt, dass er als Offizier der thebäischen Legion als Märtyrer starb, weil er sich der Christenverfolgung verweigerte, eine andere, dass er sich als Christ geweigert hatte, vor der Schlacht ein Opfer an die römischen Götter zu erbringen. Jedenfalls sollen die Leichen von den Mördern in einem Brunnen entsorgt worden sein – und alleine der Staub dieses Brunnens soll einen Bischof von seinen Kopfschmerzen geheilt haben.

NICHTS FÜR SÜNDER Zu den Bestraften gehört der Legende nach unter anderem der merowingische König Thiederich. Dieser hatte zuvor, im Jahr 621, in einer Schlacht bei

Nur noch einer von zwei Wandteppichen ist erhalten; er wird meist durch einen Vorhang vor Sonnenlicht geschützt.

Die historischen Gemälde bilden ein stimmiges Ensemble.

Zülpich seinen Bruder Theudebert und seinen Neffen getötet, um an die Macht zu kommen. Neben der Blutsäule stehend, soll er sich anlässlich eines Hochamtes in St. Gereon mit seinen Taten gebrüstet und seine Ratgeber gar verhöhnt haben, als er urplötzlich tot zusammensank und eine unerklärliche Stichwunde aufwies. Noch im 20. Jahrhundert erzählte man in Köln den Kindern, sie sollten besser nicht an der Blutsäule vorbeigehen, ohne vorher gebeichtet zu haben. Tatsächlich soll die Blutsäule eine Halbsäule aus dem Säulengang des ursprünglichen Ovalbaus aus dem 4. Jahrhundert sein, der im Dekagon noch als Miniaturnachbildung ausgestellt ist. 1794 wollte man sie als Beutestück der französischen Armee nach Paris schaffen. Sie zerbrach allerdings unterwegs und wurde achtlos am Wegesrand zurückgelassen. Den oberen Teil soll der bekannte Botaniker, Mathematiker, Priester und Kunstsammler F. F. Wallraf in seine Sammlung aufgenommen haben, der untere fungierte zunächst als Grenzstein. Erst im Jahr 1925 konnte er wieder zurück in seine Heimat nach St. Gereon gebracht werden, sodass wir heute – mutig oder nicht? – die Säule über uns richten lassen können. Doch selbst wenn man für sich keinen Grund finden sollte, ängstlich zu sein, bleibt irgendwie dennoch ein mulmiges Gefühl …

Von oben betrachtet

Nach dem Besuch der Blutsäule empfiehlt es sich, einen Abstecher ins Neni (Im Klapperhof 22–24) zu machen, um bei einem Sundowner auf der im achten Stock liegenden Dachterrasse die Aussicht von oben auf St. Gereon, den Dom und ein ganzes Stück der Stadt Köln zu genießen (nenikoeln.de).

Auf dem Melatenfriedhof sind unterschiedlichste Grabsteine aus vielen Epochen zu bewundern.

20

ASYL FÜR KRANKE UND SCHUTZSUCHENDE

Der Melatenfriedhof

Der Melatenfriedhof ist mit einer Fläche von 435.000 Quadratmetern der älteste und größte Zentralfriedhof in Köln. Hier hat sich nicht nur eine düstere Geschichte zugetragen.

Adresse Aachener Straße 204, 50931 Köln **GPS** 50.936950, 6.915870
Anfahrt Mit der Stadtbahnlinie 1, 7, 9 bis Melaten

»HOFF TO MELATEN« Bereits zu Zeiten der Römer wurden Menschen an der Stelle, wo sich heute der Melatenfriedhof befindet, direkt an der Straße begraben. Seinen Namen bekam der Friedhof, weil schon im 12. Jahrhundert hier der »Hoff to Melaten« stand, ein Heim, in dem Menschen lebten, die unter einer ansteckenden Krankheit litten, vor allem wohl Lepra. Auch die Kapelle »St. Maria Magdalena und Lazarus« stammt noch aus dieser Zeit (sie war 1942 vollständig abgebrannt, wurde jedoch zehn Jahre später wieder aufgebaut). Bemerkenswert an ihr war, dass hier die Kranken nur durch den Mittelgang von den Gesunden getrennt waren – als würde an diesem Ort die Ansteckung pausieren. Auf dem Gelände des Leprosenasyls standen insgesamt sieben Siechenhäuser, zudem noch Häuser für die Knechte und Mägde, ein Back-, ein Brau- und ein Waschhaus, ja sogar ein Wirtshaus. Die Kranken, aber auch die Nichterkrankten, die hier lebten, bildeten eine Bruderschaft. Jeder ging hier seiner Arbeit nach, so gut es ihm eben möglich war. Die Heilig-Geist-Bruderschaft unterstützte die dort Lebenden. Während wir heute bei einer Erkrankung einfach den Arzt aufsuchen können und ein Medikament bekommen, wurden die Menschen im Mittelalter bei ersten Anzeichen von Lepra verstoßen. Sollten sie geheilt werden, durften sie den Hof wieder verlassen, was allerdings so gut wie nie vorkam. Die meisten Menschen starben kurze Zeit nach dem Einzug ins Heim. Mit 100 Bewohnern zählte der Hof Melaten zu den größten Siechenhöfen in Deutschland. Den Bewohnern war das Verlassen des Geländes nicht gestattet. Ausnahmen bildeten die Feiertage. Begleitet von einem Schellenknecht, durften die Heimbewohner in die Stadt gehen und betteln. Sie mussten sich aber auffällig kleiden, Handschuhe tragen und ihr Kommen mit einer Klapper in der Hand ankündigen. So wurden die Bürger der Stadt gewarnt, sich von den Erkrankten fernzuhalten, um nicht ebenfalls zu erkranken. Im Jahr 1767 wurde das Leprosenhaus schließlich geschlossen – es gab nur noch eine an Lepra erkrankte Person. Danach wurden die Gebäude gut 35 Jahre noch als »Zucht- und Arbeitshaus« genutzt. Und an den Schellenknecht erinnert heute noch ein Denkmal am Eingang des Friedhofes an der Aachener Straße mit der Inschrift: *»Gedenke, dass du sein wirst, was wir sind. Den Kranken Kölns ein Denkmal.«*

VOM SEUCHENHOF ZUR MILLIONENALLEE Als Napoleon 1804 das damals übliche Bestattungsgesetz änderte, erließ er das Dekret, dass die Toten aus hygienischen Gründen nicht mehr einfach nur um die Kölner Kirchen begraben werden durften. Vielmehr musste ein offizieller, etwas außerhalb gelegener Friedhof her. Die Verwaltung der Stadt Köln kaufte also das Gelände des Heims und riss bis auf die Kapelle alles nieder. Der Bota-

Ein Kätzchen bewacht das Grab eines unbekannten Soldaten.

niker Franz Ferdinand Wallraf wurde damit beauftragt, den Zentralfriedhof als Parkanlage anzulegen. Als Vorbild diente ihm der Pariser Friedhof Père Lachaise. 1810 fand schließlich das erste Begräbnis auf dem Melatenfriedhof statt, der seither noch viermal erweitert wurde. Bis zum Jahr 1837 durfte dort allerdings nicht jeder bestattet werden – dieses Recht war nur Katholiken vorbehalten; die evangelischen und jüdischen Gemeinden hatten eigene Bestattungsstätten. Heute ist der Friedhof vor allem bekannt für seine »Millionenallee«, sprich hier sind viele sehr teure und außergewöhnliche Gräber von reichen Kölner Familien zu finden. So etwas wie das Wahrzeichen des Melatenfriedhofs ist übrigens der »Sensenmann« mit Sense und Sanduhr, der vom Bildhauer August Schmiemann für den Kaufmann Johann Müllemeister gefertigt wurde.

DIE HINRICHTUNGSSTÄTTE NEBENAN
Direkt gegenüber, auf der anderen Seite der heutigen Aachener Straße, befand sich die öffentliche Hinrichtungsstätte Rabenstein. Sogenannte »ehrenhafte« Hinrichtungen wurden durch das Schwert vollstreckt, unehrenhafte am Galgen oder durch das Rad. Zudem gab es eine Feuersenke, in der die durch den Feuertod Verurteilten ihr Ende fanden. Für die Zuschauer (teilweise wohl bis zu 7000!) gab es ein gemauertes Rondell, um allen einen guten Blick zu gewährleisten. Im Jahr 1529 wurden hier die beiden evangelischen Märtyrer Peter Fliesteden und Adolf Clarenbach auf dem Scheiterhaufen hingerichtet, weil sie sich zu Martin Luther bekannten und die Reformation nach Köln bringen wollten. Sie gelten als die ersten evangelischen Märtyrer vom Niederrhein. Zu Beginn des 17. Jahrhunderts verbrannte man hier Mädchen und Frauen, die als Hexen verurteilt waren. Die letzte Hinrichtung fand 1797 statt, der Kirchenräuber Peter Eick wurde am Galgen gehängt, bevor während der Franzosenzeit (1794–1815) der Hinrichtungsplatz schließlich zerstört wurde.

Tränen rinnen über das Gesicht des Engels, dessen Flügel abgebrochen sind.

KRIEGSVERSTECK Während und nach dem Zweiten Weltkrieg suchten Menschen in den Grüften auf dem Melatenfriedhof Unterschlupf. So gibt es etwa Berichte, unter anderem von Friedhofsangestellten, darüber, dass sich Juden in den Grüften der Millionenallee versteckt gehalten haben sollten, wo die Gestapo sie nicht vermutete. Auch dass sie von anderen Bürgern aus der Nachbarschaft mit Lebensmitteln versorgt worden sein sollen, wird erzählt – Belege dafür gibt es allerdings nicht. In der Nacht vom 30. auf den 31. Oktober 1944 flogen nahezu 1000 Bomber über Köln hinweg und warfen Tausende Brand- und Sprengbomben über der Stadt ab. Neben fast 5000 Wohnhäusern wurde auch der Melatenfriedhof völlig verwüstet. Durch die Bomben waren die Grüfte aber so weit einge-

Der steinerne Sensenmann gehört zu den Wahrzeichen des Melatenfriedhofs.

stürzt, dass Menschen dort bequem hinein und auch wieder hinauskommen konnten – ein Schlafplatz für viele der Ausgebombten, zumindest für ein paar Nächte. In der Bombennacht flüchtete auch eine ganze Hochzeitsgesellschaft in den Tiefbunker des Friedhofs. Doch eine Bombe detonierte vor dem Eingang und unterbrach die Luftzufuhr – der Bunker auf dem Friedhof wurde zu einem großen Grab. Eine kleine Gedenkstätte neben der Kapelle erinnert an dieses schicksalhafte Ereignis. Wer heute über den Melaten spazieren geht, kann kaum glauben, dass viele dieser Grüfte heimatlosen Menschen als Schutzraum gedient haben. Die Ängste und Nöte, die sie ausgestanden haben müssen, sind einfach unvorstellbar.

Literarisch verarbeitet

Eine gewisse Ahnung davon erhält, wer eine Geschichte des berühmten Schriftstellers und Kölner Ehrenbürgers Heinrich Böll zur Hand nimmt. In seinem Buch »*Gruppenbild mit Dame*« beschreibt er die Geschichte von Leni in den Jahren 1922 bis 1970. Köln wird zwar namentlich nicht erwähnt, ist aber nichtsdestotrotz der Hauptschauplatz. Seine Figuren lässt Böll in zwei Grüften sowie unter der Kapelle auf dem Melatenfriedhof für mehrere Tage Schutz suchen. Leni berichtet unter anderem: *»Keine Streife hat sich je in die Grüfte getraut und wir lebten da tageweise wie in einer Idylle, nichts zu hören, nichts zu sehen.«*

21

EIN LEUCHTTURM IN DER STADT?

Das Bahnviadukt Ehrenfeld samt Heliosturm

Ein Leuchtturm ohne dazugehöriges Meer? Stattdessen Schienen, die mitten auf dem Bürgersteig beginnen und ebenso abrupt nach wenigen Metern auch schon wieder enden? Zu finden sind diese Kuriositäten im wunderbar alternativen Stadtteil Ehrenfeld.

Adresse Heliosstraße 2, 50825 Köln **GPS** 50.950859, 6.913725
Anfahrt Mit der S-Bahn S12, S19 bis Ehrenfeld oder mit der Stadtbahnlinie 3, 4, 13 bis Venloer Straße/Gürtel

Fernab vom Meer thront der Leuchtturm der Helioswerke über dem Stadtteil Ehrenfeld.

↑ Alte Firmenschilder prägen die Viaduktbögen entlang der Heliosstraße.
↗ Die Schienen enden völlig unvermittelt auf dem Bürgersteig.

WERBEWIRKSAMES TESTOBJEKT 1882 wurde im damals noch eigenständigen Ehrenfeld ein Unternehmen mit dem Namen »Helios AG für elektrisches Licht und Telegraphenanlagenbau« – passenderweise benannt nach dem griechischen Sonnengott – gegründet. Man hatte diesen Standort ausgewählt, weil der Bahnhof Ehrenfeld nicht weit entfernt war und zudem eine Pferdebahn-Strecke nach Köln an der Venloer Straße entlanglief. Bald schon war die Helios AG eine wichtige Firma ihrer Zeit, was Elektrotechnik anging. Sie baute neben Elektrogeräten und Glühbirnen zum Beispiel auch die Technik, die für die Beleuchtung von Leuchttürmen benötigt wurde, und belieferte damit unter anderem die Leuchtfeuer in Wangerooge, Borkum sowie Kampen auf Sylt. Um ihre Leuchtfeuer im Vorfeld aber auch testen zu können, wurde in den Jahren 1894/95 an einer Ecke ihrer damaligen Werkshalle auch ein Leuchtturm errichtet – ein roter Backsteinturm, 44 Meter hoch. Der Testturm wurde schnell zum Wahrzeichen der Stadt und war auch die perfekte Werbung. Das Versuchsleuchtfeuer im Turm brannte toujours – bis zum Jahr 1930. Denn trotz dieses unvergleichlichen Werbemittels war die Helios AG bereits Jahre zuvor in immer größere finanzielle Schwierigkeiten geraten, sodass 1905 Siemens und AEG die Firma übernehmen und die Insolvenz verwalten wollten. 1930, als alle Verkäufe abgeschlossen waren, gingen die Lichter im Turm endgültig aus.

NEUE NUTZUNGSMÖGLICHKEITEN Als Industriedenkmal blieb das Gebäude zum Glück erhalten – es steht seit 1986 unter Denkmalschutz. Zehn Jahre später wurde das Feuer sogar neu entfacht. Man baute das Lampenhaus nach alten Plänen wieder auf, sodass seither sechs Leuchtstoffröhren im Dauerbetrieb nach Ehrenfeld hinunterleuchten. Leider kann man den Turm nur noch sehr selten besichtigen. Eine Möglichkeit ist der Tag des offenen Denkmals, dann öffnen sich die Türen für alle Interessierten. In der Nähe des Turmes steht zudem die Rheinlandhalle, auch sie einst Teil der Helios Werke; hier war der Maschinensaal untergebracht. Die Geschichte dieser Halle ist ebenfalls spannend: Nach der Schließung des Werkes fanden hier zunächst Radrennen statt, danach wurden Automobile ausgestellt, und 1957 eröffnete hier schließlich der erste Supermarkt Deutschlands. Für die Menschen zur damaligen Zeit war es nahezu unvorstellbar, mit einem Einkaufswagen durch Regalgänge zu schlendern …

ROSTIGE ZEITZEUGEN Vom ehemaligen Güterbahnhof samt Schienennetz, ohne den es die Firma dort wohl nie gegeben hätte, ist hingegen heute kaum mehr etwas zu sehen. Direkt neben dem Leuchtturm an der Heliosstraße findet man noch einige Gleismeter, die auf den Hof einer Autowerkstatt führen. Wie aus dem Nichts entspringen die Schienen dem Bürgersteig und führen uns hinter das Tor der Firma, um nach wenigen Metern vor einem kleinen blauen Gebäude zu enden. Rostig und von Gras und Moos überwuchert, würde man diese wichtigen »Zeitzeugen« leicht übersehen. Tatsächlich gehörten sie wohl zum eigenen Gleisanschluss der Helios AG, denn die Güterzüge brachten ihre Ladungen direkt in die Lager des Werkes. Hier schlug das Herz der Stadt und ließ sie wachsen, bis Ehrenfeld schließlich 1888 von der Stadt Köln eingemeindet wurde. Lange Zeit war die Bahn das Hauptverkehrsmittel. Autos gab es zunächst kaum, also fuhr sie bis 1923 ebenerdig durch Ehrenfeld. Als die Infrastruktur dann aber doch zunahm, musste für die Autos Platz geschaffen werden. Also verlegte man die Bahn in drei Bauabschnitten auf die neu gebauten Bogenviadukte. Auch hier gibt es, wie so oft, eine düstere Geschichte zu erzählen, denn auf besagter Brücke, die über die Venloer Straße führt, wurden kurz vor Kriegsende – am 10. November 1944 – sowjetische und polnische Zwangsarbeiter hingerichtet. Auch Mitglieder der Edelweißpiraten – so wurden unangepasste Jugendliche im Alter zwischen 15 und 18 Jahren bezeichnet – waren unter den

Auf dem Gelände dieser Autowerkstatt laufen die Schienen ins Nichts.

Immer mehr alte Backsteingebäude verschwinden leider aus dem Stadtbild Ehrenfelds.

Opfern, das jüngste gerade mal 16 Jahre alt. Man erhängte die Menschen ohne vorheriges Urteil in der Öffentlichkeit. Eine Gedenktafel und ein Wandgemälde in der Schlönsteinstraße erinnern heute an das grausame Verbrechen. Die Mauern der alten Fabrik rund um das alte Heliosgelände stehen teilweise noch, aber da sie keine richtige Funktion mehr haben, verfallen sie zusehends. Der Putz blättert ab, und der Stacheldraht, der noch immer über der Mauer gespannt ist, rostet vor sich hin. 49 der Viaduktbögen sind mit ihren Gewölben heute noch erhalten, und nahezu jeder hat seine eigene Geschichte. Durch zwei von ihnen kann man hindurchgehen, in einigen haben sich gastronomische oder handwerkliche Betriebe angesiedelt, in einem die Werkstatt, zu der die alten Schienen führen. Die meisten aber stehen leer, verfallen, die Scheiben sind kaputt, Pflanzen suchen sich durch jede Ritze den Weg nach oben. Zudem tobt sich hier die Graffiti-Szene aus, immer wieder gibt es neue Street-Art zu entdecken, teilweise sogar richtige Kunstwerke. Auf dem Viadukt selbst sind noch Fahrkartenautomaten und ein paar überdachte Sitzmöglichkeiten zu sehen.

Auf den Spuren der Street-Art

Gehen Sie doch einmal die Street-Art-Route durch Ehrenfeld. Sie ist ungefähr sechs Kilometer lang, und die Dauer können natürlich Sie selbst bestimmen, aber bei einem entspannten Spaziergang mit Zwischenstopps braucht man wohl gut zwei Stunden. Gestartet wird an der Liebigstraße, dann geht es über die Hansemannstraße zum Leo-Amann-Park und bis zum Ende an der Leyendeckerstraße. Pläne dazu findet man im Internet (koeln.de/street_art/street-art-route-durch-ehrenfeld_1058324.html). Wenn Sie hingegen lieber eine geführte Tour durch die Straßen Ehrenfelds unternehmen möchten, können Sie auch diese buchen. Bei diesen Touren erhält man auch interessantes Hintergrundwissen zu den einzelnen Künstlern (alternativecolognetours.com).

Der Eingang zum verlassenen Decksteiner Friedhof ist noch gut erhalten.

22

PARK DER VERGÄNGLICHKEIT

Der alte Decksteiner Friedhof

Er wäre die perfekte Kulisse für einen Gruselfilm: Grabfiguren, denen die Köpfe oder andere Körperteile fehlen, Grabsteine, die abgebrochen sind, und Gräber, die sich weit über das Gelände verteilen und nur schemenhaft erkennbar sind.

Adresse Decksteiner Straße 43, 50935 Köln **GPS** 50.919235, 6.899823
Anfahrt Mit der Buslinie 146 bis Deckstein

MORBIDER CHARME Betritt man heute den kleinen, verwilderten Park in Deckstein, besonders an einem herbstlichen, wolkenverhangen-grauen Novembertag, wird einem sicherlich schon mal ein kalter Schauer den Rücken hinunterlaufen. Die uralten, teils sehr verwitterten Grabmäler scheinen einem vorwurfsvoll hinterherzusehen. Auch wenn das Gelände schon lange kein Friedhof mehr ist, so überkommt einen hier doch eine unheimliche, melancholische Stimmung. Die Eingangsportale sind Originale aus der Zeit, als der Friedhof Teil des Dorflebens war, und noch so gut erhalten, dass sie uns willkommen heißen in ihrem Reich und dazu einladen, den Toten einmal noch die Ehre zu erweisen. Zwar sind nicht mehr alle Wege erhalten, aber man kann noch einem Rundweg über das kleine, verwunschene Areal folgen. Einige Grabfiguren finden sich am Rand des Weges, die meisten in sehr bedauernswertem Zustand, andere stehen oder liegen achtlos mitten auf den Wiesen. Die Steinplatten der Gräber sind oft angebrochen und vermoost, die Grabkreuze hängen schief auf ihrem Platz, und den meisten Figuren fehlen diverse Körperteile, doch genau das macht den morbiden Charme dieses Friedhofsparks aus. Wen würde es wundern, wenn einem in der aufkommenden Dunkelheit eine gespenstische Gestalt entgegenkäme? Und doch ist es auch ein Ort, um über das Leben und die eigene Vergänglichkeit nachzudenken. Tagsüber trifft man hier nur wenige Spaziergänger, abends und nachts feiern Jugendliche meist ungestört, erkennbar an den herumliegenden leeren Flaschen oder bunten Bändchen, die an die Bänke geknotet sind. Ob sie vielleicht auf den Gräbern tanzen? Leider kommt es immer wieder auch zu Vandalismus; einige der Erinnerungstafeln wurden bereits entwendet, und auch Grabsteine und -figuren waren schon Ziele der Zerstörungswut.

↓ Der Grabfigur wurden von Vandalen die Hände abgeschlagen.
↘ Das verkohlte Gesicht dieser Figur erschüttert die Besucher.

↑ Heute noch stellen Menschen Grableuchten zum Gedenken an die Toten auf.

↗ Alte Grabsteine, völlig überwuchert von Efeu

FRIEDHOFSHISTORIE Der Decksteiner Friedhof wurde am 2. Mai 1869 als Kommunalfriedhof der Gemeinde Efferen für die Gemeinde Kriel eröffnet, da der dortige Domfriedhof keinen Platz mehr bot – zum einen war die Kindersterblichkeit zu dieser Zeit ausgesprochen hoch, zum anderen zog es viele Menschen aufgrund der Industrialisierung vom Land in die großen Städte. Und so gab es in den Städten nicht nur ein (Wohn-)Platzproblem, sondern eben auch auf den dortigen Friedhöfen. Wie so oft in Köln und Umgebung herrschte Streit, hier zwischen den Katholiken und Protestanten, wobei Letztere die Mehrheit im wohlhabenden Stadtteil Lindenthal bildeten. Beide Konfessionen wollten einen eigenen, von der anderen Konfession abgetrennten Friedhof. Die Bezirksregierung war allerdings dagegen, und so wurden alle Menschen, unabhängig von ihrer Religionszugehörigkeit, auf dem Decksteiner Friedhof beerdigt. Ursprünglich für 6000 Personen angelegt, musste er bereits nach nur fünf Jahren erweitert werden, da die Bevölkerung stark angewachsen war. 1888 wurden einige Vororte, so auch Lindenthal, nach Köln eingemeindet. Die Prominenz ließ sich zwar nicht auf dem »Dorffriedhof« bestatten, dafür Persönlichkeiten aus der Gemeinde: eine Lehrerin aus Kriel liegt dort, ein königlicher Polizeikommissar oder ein katholischer Pfarrer – so ist es auf den verwitterten Grabtafeln zu lesen. Bereits nach dem Zweiten Weltkrieg wurde

Teilweise sind die Inschriften der Grabmale noch zu entziffern.

der Decksteiner Friedhof aber entwidmet, und es entstand der städtische Park, wie er bis heute vorzufinden ist.

NOCH EIN FRIEDHOF Hinter dem kleinen Park befindet sich ein weiterer, diesmal jüdisch-orthodoxer Friedhof, der jedoch nicht frei zugänglich ist. Man kann ihn nur nach Absprache mit der Synagogengemeinde Köln betreten. Die Austrittsgemeinde Adass Jeschurun kaufte das Grundstück im Jahr 1910, und offensichtlich wurde dort auch nach den letzten Deportationen 1942 noch heimlich bestattet, wie einige erhaltene Grabsteine mit den Sterbejahren 1943 und 1944 vermuten lassen. Entsprechend den strengen Vorgaben der Adass-Jeschurun-Gemeinde sind die Grabsteine und Gräber schmucklos und nur mit hebräischen Schriftzeichen versehen, trotzdem – oder vielleicht auch gerade deswegen – ist die Atmosphäre sehr bedrückend.

Lebendiger Tierpark

Vielleicht ist dem Besucher nach dieser Konfrontation mit dem Tod doch nach etwas mehr Leben zumute? Dann empfiehlt sich ein Besuch im Lindenthaler Tierpark (lindenthaler-tierpark.de). Im ganzjährig geöffneten Park tummeln sich über 250 Tiere, und Waldziegen, Damwild und Co erhellen die Gedanken und erwecken wieder neue Lebensgeister.

23

SECRET SERVICE AM SPIELPLATZ

Die sogenannten »Russenhäuser«

Drei riesige Wohnblöcke mit über 80 Wohnungen verrotten in Sülz langsam vor sich hin. Hier soll angeblich der russische Geheimdienst zwischen Kinderspielplätzen und Nutzgarten agiert haben. Heute muss die Polizei die Gebäude von Zeit zu Zeit von Besetzern befreien.

Adresse Friedrich-Engels-Straße 3–7, 50769 Köln **GPS** 50.906306, 6.914887
Anfahrt Mit der Stadtbahnlinie 16, 18 bis Klettenbergpark

Die sogenannten »Russenhäuser« in Sülz – verlassen, massiv eingezäunt und von Grün überwuchert

LEER STEHENDER WOHNRAUM! Auf halbem Weg zwischen der Haltestelle Klettenbergpark und Geißbockheim sieht man bereits zwischen dichten Bäumen drei große, mehrgeschossige, leer stehende Wohnkomplexe. Kann das sein? Mitten in Köln? Trotz Wohnraummangels? Und in der Friedrich-Engels-Straße angekommen muss man feststellen: Ja, so ist es. Die auf den ersten Blick noch gut erhaltenen Häuser stehen komplett leer. Die beiden rechten weisen noch einen weitestgehend intakten Verputz auf, könnten aber einen neuen Anstrich gut gebrauchen; das linke Haus ist ohnehin weiß verklinkert und wird voraussichtlich auch noch die nächsten Jahre mehr oder weniger unbeschadet überstehen. Hier müssten nur wenige Verblendungen erneuert werden, deren Abplatzungen das dahinterstehende Mauerwerk erkennen lassen. Doch die holzverkleideten Fenster in den Untergeschossen zeigen eindeutig, dass hier schon seit langer, langer Zeit niemand mehr wohnt, obwohl an den Klingelschildern teilweise noch Namen lesbar sind und die danebenstehende Haustürbeleuchtung sowie einige Lampen im Treppenhaus zur Hausnummer 7 sogar noch brennen. Schon etwas gruselig … vielleicht ist ja doch noch ein Bewohner dieses Hauses anzutreffen? Die rostigen Gitter vor einigen Fenstern im Erdgeschoss haben aber augenscheinlich schon zu Zeiten bestanden, als die Häuser noch genutzt wurden. Einige Scheiben in den Obergeschossen sind eingeworfen, die Grundstücke vollständig eingezäunt und verschlossen, der Lack vom Zaun platzt bereits ab. Angeblich ist auch der Beton stark angegriffen und Schimmel breitet sich aus. Nicht nur die »Vorgärten«, auch die Bürgersteige der Friedrich-Engels-Straße sind inzwischen stark vermoost, die Mülltonnen zugewachsen, wild wachsen dornige Gebüsche überall auf dem Gelände. Alles deutet darauf hin, dass sich hier in den vergangenen Jahren kaum noch jemand aufgehalten hat. Ein Seitentrakt des verklinkerten Gebäudes scheint einen großen Versammlungsraum mit doppelter Etagenhöhe beherbergt zu haben, der über einen kleinen Gang mit dem Hauptgebäude verbunden und über eine dreistufige Treppe per Holztüre zu erreichen ist. Die Kopfseite dieses Versammlungssaales zieren vier Meter hohe Fenster.

Die Scheiben sind mit Holz vertäfelt, am Eingang brennt sogar noch Licht.

SPIELPLATZ UND NUTZGARTEN Zwischen zwei Häusern gelangt man auf die Rückseite des Areals, das an eine am Militärring gelegene Wiese grenzt. Man blickt auf einen verlassenen Basketballplatz, an dem die Körbe sogar noch hängen, allerdings würde auf dem unebenen Untergrund das Spiel keine Freude mehr machen. Das rechte Haus mit der Hausnummer 7 scheint über eine Tiefgarage verfügt zu haben, deren Dach gleichzei-

Auch der Müllplatz vor den Häusern wird nicht mehr genutzt.

tig als Gartenterrasse gedient haben dürfte, auch wenn dort einige Lichtkuppeln zu sehen sind. Im Garten stehen weitere Müllcontainer auf Rollen sowie ein nicht mehr benutzter Amateur-Grill, mehrere verrostete Eimer liegen herum. Auf der Gartenfläche zu Haus 5 stehen ebenfalls verrostete, blau und rot gestrichene Klettergerüste aus Eisen sowie eine Schaukel und eine Rutsche – wenn auch wenig einladend. An einigen Balkonbrüstungen prangen hässliche Graffitis, unter dem untersten Balkon lagert kistenweise Müll, auch ein Gartenhäuschen ist völlig zugemüllt. Eine weitere Eisenkonstruktion lässt auf einen ehemaligen Obst- oder Gemüseanbau im Nutzgarten schließen, eine kleine Bank ist diesem Nutzgarten zugewandt, mit Blick auf eine langweilige Hauswand. Kaum vorstellbar, dass hier überhaupt jemals jemand gesessen haben mag. Hinter dem Versammlungssaal liegt der Länge nach eine Laterne samt Mast auf dem Boden.

HANDELSVERTRETUNG ODER GEHEIMDIENST? Erbaut wurden die Häuser, die insgesamt 80 Wohnungen beherbergen, in den Jahren 1974 und 1975. Sie dienten der ehemaligen sowjetischen Handelsvertretung und gehören heute noch dem russischen Staat. Die Wohnungen wurden nie extern vermietet, vielmehr standen sie ausschließlich Angehörigen der sowjetischen bzw. später russischen Vertretung zur Verfügung. Gemunkelt wird auch, dass die Häuser mit Geheimdiensttätigkeiten in Verbindung gestanden haben sollen, was aber nicht offiziell bestätigt wurde. Im Jahr 2000 hat die Russische Föderation die Häuser jedenfalls verlassen. Für einige Jahre konnte die Stadt Köln noch Flüchtlinge und Obdachlose dort unterbringen. Mit dem Einmarsch der russischen Armee in die Ukraine im Jahr 2022 entstanden verschiedene Bewegungen, die Häuser zu enteignen und für soziale Zwecke, beispielsweise auch für ukrainische Flüchtlinge, zu nutzen. Die Besetzer behaupteten, die Wohnungen seien noch so gut in Schuss, dass ein paar neue Tapeten und Teppichböden genügen würden. Die Stadt Köln tut sich allerdings mit der Enteignung von russischem Staatsbesitz schwer, weshalb die Häuser wohl noch auf unabsehbare Zeit weiter leer stehen dürften, sofern sich kein privater Investor findet.

Zwei weitere Adressen

Die Friedrich-Engels-Straße ist nicht die einzige Straße, in der die ehemalige russische Handelsvertretung einst ihre Niederlassungen hatte. Weitere leer stehende Häuser mit dieser Vergangenheit befinden sich in der Classen-Kappelmann-Straße 47 und in der Aachener Straße 240–244.

Angeschlossen an die Häuser ist ein hochgeschossiger Versammlungsraum.

Auf der Startrampe thront dieser Sockel, an dem die Startklappe befestigt war.

24

WO DER SCHLAMM UNTER DEN RÄDERN SPRITZTE

BMX-Racing in Vogelsang

In einem kleinen Wäldchen im Kölner Stadtteil Vogelsang wird man von jetzt auf gleich wie bei einer Zeitreise direkt in die 1980er-Jahre gebeamt. Und betritt eine Welt, in der Enthusiasten noch begeistert Vereine gründeten, um gemeinsam einer ganz bestimmten Radsportart zu frönen: BMX.

Adresse Nähe Kolkrabenweg, 50829 Köln **GPS** 50.964009, 6.879535
Anfahrt Mit der Stadtbahninie 3, 4 bis Wolffsohnstraße

ASPHALTRAMPE UND LEHMHÜGEL

Wandert man durch das Wäldchen im Biesterfeld, trifft man auf ungewöhnliche Lehmhügel, die fast an Hobbit-Behausungen erinnern – bis man bemerkt, dass sie offensichtlich zu einer Asphaltrampe gehören, auf denen in riesigen weißen Lettern »1. BMX Club Köln« zu lesen ist. Der Asphalt ist schon spröde und zeigt überall Risse, an der Seite breitet sich das Moos aus. Auf der Rampe scheint ein orange leuchtender Pylon noch übrig geblieben zu sein und passt doch so gar nicht in das verlassene Gelände. Oben an der Rampe kann man noch eine Metallkonstruktion erkennen, an der eine Startklappe befestigt gewesen sein könnte. Die umliegenden Lehmhügel lassen sich nun – wenn auch auf den ersten Blick völlig ungeordnet – als Steilkurven und Sprunghügel identifizieren, einer ist sogar noch mit Teerpappe ausstaffiert. Und langsam wird klar: Diese Rampe muss wohl die Startrampe einer Rennstrecke gewesen sein. Ein wenig verwundert das schon, hatte man doch zunächst beim Blick auf die weiteren lehmigen Steilkurven und Sprunghügel eher das Werk unorganisierter Jugendlicher vermutet. Der noch erhaltene Schriftzug auf der Rampe lässt hingegen – im krassen Widerspruch zu den amateurhaften Lehmhügeln – eher auf professionelle Betreiber schließen. Doch erst durch die nähere Beschäftigung mit der Anlage wird klar, dass auch der erste Eindruck nicht getäuscht hat: Die Startrampe stammt von Profis, die weiteren Lehmhügel sind zum Großteil jedoch sukzessive in späterer Zeit von Amateuren errichtet worden. An einem befestigten Unterbau lässt sich teilweise sogar heute noch erkennen, welche Lehmhügel bereits zur damaligen BMX-Rennstrecke gehört haben müssen. Am Geländerand sind zudem noch Reste des alten Zauns erkenn-

Das Gelände mit seinen Hügeln und Steilkurven gleicht einer Mondlandschaft.

bar, der heute aber niemanden mehr abhält. Spaziergänger schlendern kreuz und quer durch den ungewöhnlichen Hügelpark, wenn gerade mal kein BMX-Rad in Sicht ist.

DIE GROSSE BMX-WELLE In den 1980er-Jahren schwappte so manche Mode aus den USA nach Europa herüber – so auch der BMX-Hype, der Köln zu einem bedeutenden BMX-Standort in Europa machen sollte, nachdem die Stadt im Radsport schon immer eine große Rolle gespielt hatte. Insgesamt elfmal, zuletzt im Jahr 2014, fand hier die BMX-Weltmeisterschaft statt, auch wenn die große Welle, die Massenbewegung, da längst verebbt war. Auch der erste BMX-Club in Köln wurde zwischenzeitlich dahingerafft, obwohl seine Mitglieder enthusiastisch und eifrig begonnen hatten. Zunächst absolvierten sie ihre Kunststücke auf der Domplatte. Im Jahr 1982 fassten sie aber Pläne, eine eigene BMX-Rennstrecke zu bauen, eine der allerersten Strecken in Deutschland überhaupt. Einen Platz hatte man schnell gefunden: in Vogelsang in einem kleinen Wäldchen im Biesterfeld. Eine Genehmigung zur Errichtung einer Rennstrecke wollte die Stadt Köln aber nur für einen eingetragenen Verein geben. Gesagt, getan … Der »1. BMX Club Köln« wurde gegründet und los ging es. Nachdem man Teile des Waldes gerodet hatte, begannen Bagger und Planierraupen mit ihrer Arbeit. Nach nur wenigen Monaten wurden auf einer asphaltierten Startrampe sodann acht Bahnen eingezeichnet, darunter der bereits erwähnte Schriftzug des Vereins. Ganz professionell gab es eine Startklappe und eine Ampelanlage, man hatte schließlich Großes vor. Selbst ein Werbepartner war schnell gefunden: Das Markenzeichen von Coca-Cola prangte auf den Start- und Zielbannern. Nach wenigen Metern über die Asphaltrampe ging es weiter gegen den Uhrzeigersinn über kleinere und größere Hügel durch das Gelände. Die größeren luden zu Sprüngen ein, und in den

Heute noch gut erkennbar ist der Schriftzug »1. BMX Club Köln« auf der Startrampe.

Auf diesem Sprungturm erproben sich an manchen Tagen selbst heute noch junge BMX-Fahrer.

Steilkurven mussten sich die Teilnehmer fast bis zu 90 Grad in Schieflage begeben. Regelmäßig fanden hier Rennen statt, an denen bis zu 300 Sportbegeisterte teilnahmen.

DAS JÄHE ENDE Doch die Euphorie währte nur kurz: Schon ab dem Jahr 1986 gab es keine offiziellen Rennen mehr auf der Strecke. Die Szene hatte sich offenbar in andere Regionen verlagert, etwa nach Berlin oder Belgien. Der Verein zog sich zurück, und die Strecke verkümmerte. Dennoch fanden sich immer wieder Sportfreunde, die weiterhin neue Rampen und Hügel aus Lehm bauten und so einen anspruchsvollen Parcours mitten im Wald entstehen ließen. Eine geschlossene Runde ist zwar nicht mehr möglich, aber auf dem verlassenen Gelände trifft selbst heute immer wieder Jugendliche und Junggebliebene, die ihre Skills testen.

Vogelsang auf YouTube

Wenn Sie neugierig geworden sind und wissen wollen, wie die Rennstrecke früher ausgesehen hat: Die Vorläufe eines Rennens von 16- bis 17-jährigen Cruisern aus dem Jahr 1988 kann man heute noch auf YouTube (youtube.com/watch?v=9NPSkUTI1us) abrufen.

25

EIN ORT, DER LUFTFAHRT-GESCHICHTE SCHRIEB

Der Flughafen Butzweilerhof

Dort, wo heute unter anderem ein schwedisches Möbelhaus steht und Neubaugebiete entstanden sind, lag von 1911 bis 1995 Kölns erster Flughafen. Heute noch sind Tower und Terminal zugänglich und ein paar skurrile Überbleibsel in der näheren Umgebung zu finden.

Adresse Butzweilerstraße 35–39, 50829 Köln **GPS** 50.980101, 6.897238
Anfahrt Mit der Stadtbahnlinie 5 bis IKEA Am Butzweilerhof

Ankommende Fluggäste begrüßte das Hauptterminal mit der Nennung Ihres (Zwischen-)Zielortes.

EIN STEIN IM GEWÄCHSHAUS? Wer über die Matthias-Brüggen-Straße fährt, wundert sich über einen eigenartigen Stein mit einem Durchmesser von etwa 1,5 Metern vor den Hallen des Abschleppdienstes Colonia – in einem Gewächshaus! Was ist das denn? Seit wann muss man alte Steine vor Feuchtigkeit und Frost schützen? Doch wer das Hinweisschild liest, erfährt, dass dieser »Stein« eigentlich ein alter Zeppelin-Anker ist. An ihm wurden vor Jahrzehnten noch Zeppeline befestigt, damals, als dieses Felsstück noch Bestandteil des Flughafens Butzweilerhof war. Schon 1909 war ein Luftschiffhafen in dieser Gegend eröffnet worden. Und Bernhard Faßbender, der Gründer des Luftfahrtarchivs Aerocron, erkannte im Jahr 1990, kurz bevor er bei Bauarbeiten von einem Bagger zerstört werden konnte, die Bedeutung dieses Ankers.

An den Türen des Terminals prangt weiterhin der goldene Kranich.

DAS ALTE FLUGHAFENGEBÄUDE Terminal und Tower sowie einige Hangars des damaligen Flughafens Butzweilerhof befinden sich einige Straßen weiter an der Butzweilerhofallee. Die Gebäude sind zwar zum Teil restauriert und in die neue Nutzung eingebettet, aber viele Originaldetails versetzen einen immer noch in die Aufbruchszeit der Luftfahrt. Auf der nordwestlichen Seite, die zu den Start- und Landebahnen führte, prangt der Schriftzug »Köln«, der Reisende willkommen hieß, und auf der gegenüberliegenden Eingangsseite wurden sie vom Reichsadler verabschiedet. Vor dem Gebäude befinden sich heute zwei Gedenksteine: Eine 2,80 Meter hohe Stele vor der Abfertigungshalle erinnert an die Geschichte des Butzweilerhofes, nach Themen sortiert. Jede Seite steht für einen anderen Teil der Funktionen, die der Flughafen in all den Jahren innehatte: Militärluftfahrt, Ballon- und Luftschifffahrt, Luftsport sowie zivile Luftfahrt. Das zweite Denkmal erinnert an die Menschen, die in Friedenszeiten oder im Weltkrieg für die Luftfahrt und/oder am Butzweilerhof starben. Auf der südwestlichen Seite des Terminalgebäudes ist noch die Gaststätte beschildert, in der sich Wartende die Zeit vertreiben und stärken konnten, an seinem nordöstlichen Ende befindet sich heute noch der Tower, in dessen Erdgeschoss nun ein Restaurant untergebracht ist, und davor steht ein altes Flugzeug aus Metall. Eines aus Holz findet man auf den umliegenden Spielplätzen, neben vielen in dieser Umgebung lustigen Schildern, die keinen Spielplatz-, dafür aber einen Flughafenbezug haben: »Tower« zum Beispiel oder »Gepäckband« …

DREHKREUZ KÖLN Die Geschichte des Flughafens Butzweilerhof ist ereignisreich. Zunächst verpachtete die Stadt Köln das Gelände, auf dem bis dahin zivile Luftfahrtkonstrukteure ihre Maschinen testeten und mit Technik experimentierten, an das Militär, das dort eine Rollbahn und einen Militärflughafen anlegte. Nachdem der Erste Weltkrieg verloren war, nutzten britische

Die Gedenkstele vor der Abfertigungshalle erinnert an die verschiedenen Nutzungen der Luftfahrt.

Truppen das Areal, das nun Aerodrome Bickendorf genannt wurde. 1926 wurde der Flughafen von einem militärischen in einen zivilen umfunktioniert, den Konrad Adenauer am 16. Mai eröffnete. Flugzeuge der Lufthansa-Flotte starteten hier zunächst mit der Strecke Berlin–Köln–Paris. An der Tür des Hauptgebäudes sind heute noch die goldenen Kraniche der Fluggesellschaft zu sehen. Schließlich wurde der Flughafen Butzweilerhof zum »Drehkreuz des Westens«, zum zweitgrößten Flughafen Deutschlands nach Berlin-Tempelhof. Zwischen 30 und 50 Flugzeuge starteten und landeten täglich – für die damalige Zeit eine unglaublich hohe Zahl, heute unvorstellbar wenig für einen großen Flughafen. Der »Rote Baron«, Manfred Freiherr von Richthofen, begann seine Fliegerkarriere mit einem Lehrgang am Butzweilerhof; seinen Spitznamen verdiente er sich später durch die vielen Luftsiege, die der Pilot adeliger Abstammung mit seinen rot lackierten Flugzeugen erzielte.

MILITÄRISCHE NUTZUNG Obwohl das gesamte Gelände eigentlich zum Militär gehörte und damit nicht öffentlich war, kamen damals gerade am Wochenende viele Besucher, um sich an den Imbissständen zu stärken. Für fünf Pfennige konnte man sich die Luftschiffhalle anschauen. Selbst der berühmte Zeppelin Hindenburg schwebte über dem Butzweilerhof; von ihm wurden 1937 noch Postsäcke über dem Gelände abgeworfen, bevor er kurze Zeit später verunglückte. Als der Erste Weltkrieg begann, kam es zunächst zu Bombenangriffen über diesem Gelände … und im Jahr 1918 auch zu einem Einbruch, bei dem nahezu das gesamte Inventar inklusive der Beleuchtung und der Motoren, die für das Öffnen und Schließen der Tore gebraucht wurden, gestohlen wurde. Im Zweiten Weltkrieg ging es weiter mit der militärischen Nutzung des Flughafens, die später von den belgischen und britischen Besatzungsmächten fortgesetzt wurde.

DIE JAHRE DANACH Im Anschluss daran diente der Butzweilerhof nur noch als Sportflughafen, denn bereits 1957 öffnete der Flughafen Köln-Bonn seine Tore und löste den alten Flughafen ab. Die Gebäude wurden zwischen 1967 und 2005 zu Kasernen umfunktioniert, in denen Soldaten stationiert waren. Doch trotz vieler Um- und Neubauten blieben die Hangars, das Hauptgebäude inklusive der Empfangshalle sowie der Betriebshof erhalten. Heute geht es hier allerdings um Autos statt um Flugzeuge: Seit 2018 hat die »Motorworld-Köln« hier ihre Zelte aufgeschlagen; innerhalb des Hangars und auf dem Gelände werden viele besondere alte und neue Fahrzeuge präsentiert. Das gesamte Areal, auf dem sich heute auch noch ein alter Kaufladen, ein Michael-Schumacher-Shop, Gastronomie und ein Hotel befinden, ist dank des Denkmalschutzes gut erhalten und kann besichtigt werden.

Event-Flugfeld

Papst Johannes Paul II. feierte am 13. November 1980 auf dem ehemaligen Flugfeld eine Heilige Messe vor 380.000 Gläubigen. Das Gelände wurde außerdem für Musikveranstaltungen genutzt. Beispielsweise fand dort von 1996 bis 1999 das »Bizarre Festival« statt, auf dem unter anderem The Cure spielte. Für Fans und Interessierte ist ein Mitschnitt für die »WDR-Rocknacht auf YouTube (youtube.com/watch?v=QT0AHR608cc) abrufbar.

Am Rande der Matthias-Brüggen-Straße wird der ehemalige Luftschiffanker in einem Gewächshaus geschützt.

Unscheinbar und von Bäumen und Gebüsch umgeben fristet die alte Haupttribüne nunmehr ein tristes Dasein.

26

FUSSBALL AUF DER PFERDERENNBAHN

Das Alte Stadion im Weidenpescher Sportpark

Die Tribüne vom Stadion des ersten Fußballclubs Kölns ist die älteste erhaltene Fußballtribüne Deutschlands – soweit man von »erhalten« sprechen kann, denn seit der Aufgabe des Stadions gammelt sie vor den Augen aller vor sich hin.

Adresse Rennbahnstraße 152, 50737 Köln **GPS** 50.981672, 6.950829
Anfahrt Mit der Stadtbahnlinie 4, 12, 15, 18 bis Mollwitzstraße

EIN TRAUERSPIEL Rund 70 Meter lang ist die Haupttribüne. Sie fasste 1600 Zuschauer und wurde 1920 unter Leitung des Architekten Otto March im englischen Stil errichtet. Doch davon sind heute nur noch traurige Überreste zu sehen, nachdem der VfL Köln 1899 seinen Spielbetrieb nach seinem letzten Spiel im Mai 2002 gegen den DJK Südwest Köln aufgegeben hat. Von der ehemaligen Westtribüne fällt der Blick statt auf einen grünen Fußball- auf einen grauen Parkplatz für Pferdespeditionsfahrzeuge; ab und an finden hier auch mal Flohmärkte statt. Das ehemalige Denkmal verfällt zusehends, und die Natur erobert sich das Gebiet nach und nach zurück, da sich die Stadt Köln als Eigentümerin und der Kölner Renn-Verein als Pächter trotz des seit 3. März 1989 bestehenden Denkmalschutzes nicht auf eine gemeinsame Vorgehensweise einigen konnten. Die seitlichen Glasscheiben sind zerbrochen, Pflanzen ranken sich hindurch, das einsturzgefährdete Dach modert vor sich hin, es regnet auch durch, und natürlich »zieren« hier einige Graffitis die Rückwand – doch selbst diese Schmierereien können sich nicht halten und beginnen abzublättern. Kaum noch verdeckt Putz das bloße Mauerwerk. Nur die Stahlkonstruktion der überdachten Sitzplätze ist noch ziemlich gut in Schuss und trotzt dem Verfall, darunter sieht man verbogene Treppengeländer und vermoderte Holzbänke. Teile sind auch herausgebrochen (das Werk von Vandalen?), die Stehplatztribüne meterhoch überwuchert, Teile des Betons fehlen, der Lack blättert überall ab und gibt den Blick auf das darunterliegende Mauerwerk frei. Besonders im

Herbst bietet sich ein bizarres Bild, wenn die kahlen Bäume einen relativ freien Blick ermöglichen und die nicht überdachte Stehplatztribüne mit braunem Laub fast traumhaft schön bedeckt ist. Der überdachte Sitzplatzbereich ist nur notdürftig mit Bauzäunen abgesperrt, damit keiner unter das einsturzgefährdete Dach gelangt. Die alten verbogenen Dachrinnen rosten vor sich hin, während zwei alte Scheinwerfer links und rechts neben der Tribüne an lichtere Zeiten erinnern. Ob sie noch funktionieren?

ETAPPEN DER FUSSBALLGESCHICHTE

Der erste Fußballclub Kölns war nicht etwa der 1. FC Köln, sondern der VfL Köln 1899 aus Weidenpesch. Der Club erlaubte allerdings später dem 1. FC Köln diesen Namen ausdrücklich zur Verwendung, um sich von ihm letztendlich auch den Rang ablaufen zu lassen, während man selbst dem ehrenvollen Amateurfußball anstelle des Kommerzes den Vorrang einräumte. Nach dem Sieg der ersten Westdeutschen Meisterschaft im Jahr 1903 errichtete der Verein auf dem ehemaligen Gelände der Pferderennbahn ein Stadion, welches zwischen den beiden Weltkriegen im Jahr 1920 – unter anderem mit dem Neubau der eingangs erwähnten Haupttribüne – auf ein Fassungsvermögen von bis zu 16.000 Zuschauern ausgeweitet und damit zu einem der größten und modernsten Stadien des Landes wurde. Bereits 1905 fand hier zum ersten Mal das Finale der deutschen Meisterschaft statt, welches der Vorgängerverein von Union Berlin gewann: der Berliner TU FC 1892. Und schon 1899 richtete der VfL Köln die legendär gewordenen Karfreitagsspiele aus, zu deren Premiere 1906 erstmals ein Verein aus dem Ursprungsland des Fußballs, England, anreiste: der Richmond Association Football Club.

↓ Die Seitenfenster der Tribüne sind nahezu vollständig eingefallen.

↘ Auf der Rückseite sind mit Glasbausteinen versehene Trakte erkennbar.

Es ist kaum noch vorstellbar, dass hier einst Tausende Fußballfans feiern konnten.

GIBT ES NOCH RETTUNG? Dass hier einmal Tausende Zuschauer glücklich waren und die Siege und Meisterschaften ihrer Mannschaft gefeiert haben, kann man sich bei einer derart vereinsamten Tribüne heute kaum mehr vorstellen. Und es scheint, als werde sich daran so schnell auch nichts ändern, denn eine im Jahr 2019 gegründete Initiative zur Erhaltung des Alten Stadions, das einer neuen Nutzung als Sportstätte zugeführt werden sollte, verfolgte zwar hehre Ziele, verlief jedoch im Sand. Im Februar 2021 beschloss nun immerhin der Rat der Stadt Köln, ein Sanierungskonzept in Auftrag zu geben. Doch was daraus wird, bleibt abzuwarten – in der vagen Hoffnung, dass vielleicht doch irgendwann die emotionalen Erlebnisse der grauen Vergangenheit wiederholt werden können.

Sternstunde des Fußballs

Im Jahr 2003 erlebte der Weidenpescher Sportpark noch einmal eine Sternstunde, wenn auch als Filmkulisse für »Das Wunder von Bern«. Regisseur Sönke Wortmann suchte einen Ersatz für das alte Stadion in Bern, da dieses 2001 bereits abgerissen worden war. In Köln wurde er fündig … und ließ hier die legendäre Szene aus dem Fußballfinale von 1954 nachspielen.

27

DIE BETONZIGARRE IN NIEHL

Das Geheimnis des Winkelturms

Man muss schon etwas suchen, um noch Spuren der ehemaligen Glanzstofffabrik an der Neusser Landstraße in Niehl zu finden. Heute spielen Kinder auf der Wiese des ehemaligen Verwaltungsgebäudes – früher arbeiteten hier bis zu 3000 Mitarbeiter, und nicht alle freiwillig.

Adresse Neusser Landstraße 2, 50735 Köln **GPS** 51.000000, 6.936684
Anfahrt Mit der Stadtbahnlinie 12, 15, 18 bis Wilhelm-Sollmann-Straße

Tor 2 zur Glanzstofffabrik – im Hintergrund ist das Verwaltungsgebäude zu sehen.

BESTE AUSSICHT Wenn man von der Neusser Landstraße über das Gelände blickt, auf dem sich auch die Location »Die Kantine« befindet, sieht man einen ungewöhnlichen Bau: Er sieht aus wie eine Zigarre aus Ziegelsteinen mit einem komischen spitzen Dach. Offensichtlich gehörte dieses eigenartige Objekt einst zu einem Fabrikgelände. Die Tore, durch die man das Gelände betreten und zur Kantine gelangen kann, sind nummeriert. Schräg rechts hinter der Kantine steht ein altes Verwaltungsgebäude mit einem türkis gekachelten Block, der zwar aussieht wie ein riesiger Kamin, wohl aber schlicht als Uhrturm diente. Hier ist die Zeit definitiv stehen geblieben: 18.13 Uhr. Oder doch 6.13 Uhr morgens? Bei einem Ziffernblatt sind die Zeiger ganz abgefallen … es kümmert keinen. Vor dem Gebäude stehen noch zwei ungenutzte Fußballtore, offensichtlich aus einer späteren Zeit, als dieses Verwaltungsgebäude als Flüchtlingsunterkunft genutzt wurde. Doch zurück zur Zigarre … Von der Straße, aus einer Entfernung von etwas mehr als 20 Metern, sieht man nur einen runden, sich nach oben hin leicht verjüngenden Turm aus Ziegelsteinen ohne Fenster mit einer Gesamthöhe von 29 Metern. Lediglich eine Feuerleiter führt zu einem einige Meter weiter oben befindlichen Eingang. On top ist ein geschiefertes Dach zu sehen, mit Öffnungen, doch normale Fenster sehen anders aus. Eigenartigerweise ist an diesem Gebäude ein weißer Postkasten angebracht. Wohnen wird hier aber bestimmt niemand? Oder doch? Ohne genauere Recherche lassen sich Sinn und Zweck dieser Konstruktion nicht erklären. Gehen wir also zurück zum Beginn des 20. Jahrhunderts …

Der Winkelturm diente Mitarbeitern als Hochbunker im Zweiten Weltkrieg.

BÖRSEN-STOFF Die britische Firma Courtaulds wollte zu dieser Zeit eine neue Fabrik in Deutschland eröffnen, um auch hier Kunstseide herzustellen. Als das Wuppertaler Unternehmen Vereinigte Glanzstoff-Fabriken AG, das ebenfalls Kunstseide herstellte, davon erfuhr, versuchte es, die Briten zu einer Zusammenarbeit zu bewegen. Beide Seiten entschieden sich schließlich für Köln als neuen Industriestandort und eröffneten hier 1925 unter dem Namen Glanzstoff Courtaulds GmbH ihr Unternehmen. Kein

Geringerer als der damalige Oberbürgermeister Konrad Adenauer selbst hatte sich für diesen Standort, an dem zuvor ein Fort der Festungsanlagen der Stadt Köln gestanden hatte, das nach der militärischen Niederlage im Ersten Weltkrieg »entfestigt« werden musste, stark gemacht. Nach Fertigstellung des Baus 1926 wurden bei Glanzstoff Courtaulds Viskose-Filamentgarne und Viskose-Spinnfasern produziert. Doch schon zwei Jahre später verspekulierte Adenauer Geld, das er geliehen hatte, an der Börse mit Aktien der Vereinigten Glanzstoff AG – seine privaten Schulden beliefen sich 1929 auf 1,4 Millionen Mark. Dr. Fritz Blüthgen, damaliger Generaldirektor der Glanzstoff-Fabrik, hatte Adenauer angeblich mit Aktienpaketen im Wert von über einer Million Mark, die er auf sein Konto überwiesen hatte, unterstützt. Adenauer selbst äußerte sich erst 1947 zu diesem Vorfall. Er wies jede Schuld von sich und sagte aus, Blüthgen habe ihn dazu verleitet, Aktien für Kunstseide aus Amerika zu kaufen.

EIN SCHUTZTURM 2500 bis 3000 Mitarbeiter zählte die Fabrik in den 1930er-Jahren und auch später, während der Zeit des Nationalsozialismus und des Krieges, da die Firma systemrelevant war und Fallschirmseide herstellte. Sie beschäftigte damals auch mehr als 250 jüdische Zwangsarbeiter, die in einem benachbarten Lager untergebracht waren und zum Großteil im Juli 1942 nach Minsk deportiert wurden, sowie Kriegsgefangene, unter anderem aus den Niederlanden, Belgien, Italien und Frankreich. Während dieser Zeit wurde auf dem Gelände der »Winkelturm« gebaut. Dieser Luftschutzturm, nach seinem Entwickler Leo Winkel benannt, hatte außergewöhnliche Merkmale. Rund 200 solcher Türme mit Spitznamen wie »Betonzigarre« oder »Zuckerhut« wurden während der Zeit des Nationalsozialismus erbaut, doch nur der Niehler Bunker hatte eine verklinkerte Fassade und ein verschiefertes Dach. Eigentlich war es üblich, Bunker unterirdisch zu bauen. Die vorliegende Bauweise, die tatsächlich an eine spitz zulaufende Zigarre erinnert, sollte jedoch schon durch ihre Formgebung Bomben abweisen. Diese sollten vom Dach abprallen und deutlich neben dem Bunker explodieren. Der Turm hat einen Durchmesser von bis zu 18,60 Metern und eine Wandstärke von bis zu 2,70 Metern. 600 Schutzplätze bot er auf zwei mal acht Halbebenen, die über vier Eingänge zu erreichen waren. An den Wänden stehen Zahlen für die jeweilige Etagen-/Ebenennummer und die bis zu dieser Höhe geplanten Schutzplätze. So sollten zum Beispiel bis zur Ebene 1b auf engstem Raum 138 Menschen Platz finden – dabei fühlt man sich dort im Rahmen einer Führung schon mit weniger als zehn Personen so beengt, dass man nur noch so schnell wie möglich wieder hinaus möchte. Wie musste es also sein, dort mit so vielen anderen Menschen, noch dazu in Todesangst während eines Bombenangriffes, zusammengepfercht zu sein? Überall an den Wänden finden sich zudem Hinweise auf das Rauchverbot, auch auf Französisch und Russisch, den Sprachen der Kriegsgefangenen, die hier arbeiten mussten; sie sollten bei einer Bombardierung nicht zu einer Gefahr von innen mutieren. Nicht nur die Belegschaft der Glanzstoff Courtaulds sollte im Turm geschützt werden, auch Anwohner konnten sich hier in Sicherheit bringen.

BRANDWACHE Aufgrund seiner Bauhöhe und der vier im Dach eingebauten Beobachtungsschlitze bot die »Betonzigarre« zudem Platz für eine Brandwache. Diese war in der Lage, durch die Schlitze Brände rasch zu lokalisieren und so für eine schnellere und bessere Koordination der Löscharbeiten zu sor-

↑ Die Rückseite des Verwaltungsgebäudes mit beeindruckendem Backsteinmuster
↗ Die Zeit scheint stehen geblieben zu sein – für immer zehn nach sechs.

gen. In den oberen Etagen sind heute noch die stark verrosteten Versorgungseinrichtungen inklusive Druckmessgeräten, die bei einem luftdichten Abschließen des Gebäudes unverzichtbar waren, zu sehen. So lassen sich auch die vielen Luftventile in den Außenwänden erklären. Gott sei Dank blieb das Gelände von Bombeneinschlägen weitestgehend verschont, sodass die Effektivität des Bunkers den Praxistest nicht bestehen musste.

DAS ENDE Nachdem während der Kriegszeit ausschließlich Fallschirmseide produziert worden war, startete die reguläre Produktion von Kunstseide nach Kriegsende zügig wieder. Erst 1967 endete die Geschichte der Glanzstofffabrik. Als die damaligen Gesellschafter sich nicht auf neue Investitionen einigen konnten, wurde ein großer Teil der Gebäude abgerissen. Erhalten sind noch der ehemalige Werkseingang der Glanzstofffabrik sowie nordwestlich zwei lang gezogene Backsteinbauten, in denen sich früher das Sozialgebäude befand. Dieser zweigeschossige Bau orientiert sich nach hinten zu einer Art Ehrenhof. Dieses Gebäude wurde 1950/51 von den Gebrüdern Bunge errichtet und stand für die ausgezeichnete Sozialarbeit – so gab es z. B. eine Werksküche, eine Bücherei und ein Erholungsheim – des Unternehmens.

Turm-Führungen

Der Winkelturm steht als Denkmal Nr. 6545 der Stadt Köln unter Schutz. Es finden regelmäßig sehr interessante Führungen durch den Turm statt, für die man sich auf der Website anmelden kann (welt.unter.koeln), um so am eigenen Leib zu erfahren, wie eng die Menschen während eines Fliegeralarms hier zusammengepfercht waren. Uns war es eine große Erleichterung, aus diesem kalten und feuchten Gebäude wieder ans Tageslicht treten zu können. Bei dieser Tour erfährt man auch, dass das Gebäude von einem Künstler mal als Atelier genutzt wurde – womit nun auch die Frage nach Sinn und Zweck des Postkastens geklärt wäre.

Das alte Schulgebäude steht unscheinbar am Straßenrand, im Hintergrund ist der Musterbau für das Museum Ludwig zu sehen.

28

AMOKLAUF MIT DIY-FLAMMENWERFER

Tatort Grundschule Volkhoven

Nur noch eine kleine Gedenktafel erinnert heute an den grausamen Amoklauf an der alten Schule, den ein wahnsinniger Polizist hier verübte. Es war der erste in der Bundesrepublik Deutschland.

Adresse Volkhovener Weg 209-211, 50765 Köln **GPS** 51.016820, 6.890439
Anfahrt Mit der S-Bahn S11 bis Volkhovener Weg

TÖDLICHE BASTELEI Es war der 11. Juni 1964, ein schöner und sonniger Tag. Der 42-jährigen Frührentner Walter Seifert, ein ehemaliger Wehrmachtsoldat, der später Polizist geworden war, hatte früher selbst die Grundschule in dem beschaulichen Volkhoven besucht und seine Tat akribisch geplant. Bekleidet mit einem blauen Arbeitsanzug und ausgerüstet mit einem Flammenwerfer, den er aus einem Pflanzenspritzgerät selbst gebastelt hatte, einem Speer mit dreizackiger Klinge und einer Schleuder gelangte der Täter an jenem Junitag durch das Tor direkt daneben auf das Schulgelände. Als Erstes versperrte er das Tor mit einem Holzkeil, den er mit Nägeln präpariert hatte, damit mögliche Helfer den Keil nicht sofort entfernen und das Tor öffnen konnten. Ein Schüler hatte ihn zwar dabei beobachtet, da das Tor sich aber schon seit Längerem nicht mehr gut hatte verschließen lassen, geglaubt, dass Walter Seifert ein Handwerker sei, der den Schaden reparieren sollte. Damals befand sich hinter dem Schulgebäude der Schulhof, der auch heute noch gut erkennbar ist. Zu dessen rechter und linker Seite standen Holzbaracken, in denen ebenerdig zusätzliche Klassenzimmer eingerichtet waren. Eine Mädchenklasse hatte auf dem Schulhof gerade Turnunterricht bei der 67-jährigen Lehrerin Anna Langohr. Bei ihr hatte Walter Seifert früher selbst das Lesen und Schreiben gelernt. Der Täter richtete seine tödliche Waffe sofort auf die Kinder. Als die Lehrerin sich schützend vor ihre Klasse stellte, nahm Seifert sie mit seinem Flammenwerfer ins Visier, bis sie sich brennend in ein Gebüsch krümmte. Anna Langohr überlebte diesen Angriff.

METERHOHE FLAMMEN Seifert wandte sich nun den Baracken zu, die auf der rechten Seite des Schulhofes (von der Straße aus gesehen) errichtet waren. Nachdem er mit

↓ An diesem Eingang lief Walter Seifert mit seinem Flammenwerfer vorbei.

↘ Makabres für Verschwörungstheoretiker: Nine-Eleven in Köln?

seiner Schleuder eines der Fenster eingeschlagen hatte, zielte er mit seinem Flammenwerfer direkt in die Klasse. Der Feuerstrahl erreichte die mindestens sechs Meter gegenüberliegende Wand – dort blieben schwarze Rückstände haften. Die Kleidung zahlreicher Kinder fing Feuer. Ein brennender Schüler sprang panisch aus dem Fenster, was Seifert in derart blinde Rage versetzte, dass er seine Waffe erneut auf den Jungen richtete. Genauso brutal ging der Attentäter in der Baracke vor – so lange, bis der Tank des selbst gebauten Flammenwerfers schließlich leer und die Waffe nutzlos geworden war, woraufhin Seifert sie achtlos auf den Schulhof warf. Doch der Amoklauf war noch nicht zu Ende. Denn nun nahm Seifert seinen Speer mit dreizackiger Klinge in die Hand, mit dem er die andere Baracke auf der linken Seite des Schulhofes, in der zwei Klassenräume untergebracht waren, stürmte. Dort erstach er mit mehreren Stichen zwei Lehrerinnen, die versuchten, die Klinke der Türe zu blockieren.

»EINE BÖSE SACHE« Da Seifert glaubte, sich aufgrund des präparierten Holzkeils selbst eingesperrt zu haben (der inzwischen aber von Mitarbeitern der Müllabfuhr entfernt worden war), flüchtete er über den hinteren Zaun in Richtung Bahndamm. Einige Personen verfolgten ihn, während andere versuchten, die brennenden Kinder mit Decken zu löschen. Die inzwischen herbeigerufene Polizei wurde selbst von Seifert mit dem Dreizack angegriffen, konnte ihn aber schließlich durch einen Schuss in den Oberschenkel stellen. Der Täter wurde in die Universitätsklinik eingeliefert und noch am selben Tag mehrfach zu seiner Tat befragt. Als

Gedenktafel für die getöteten Kinder und Lehrerinnen an der Frontseite

Motiv gab er an, dass er selbst von Ärzten hätte getötet werden sollen. Gegen die Schülerinnen und Schüler sowie Lehrerinnen habe er persönlich nichts gehabt, die meisten von ihnen habe er schließlich gar nicht gekannt. Seine Tat sei »eine böse Sache« gewesen. Da Seifert noch vor Aufgreifen durch die Polizei das Pflanzenschutzmittel Parathion geschluckt hatte, verstarb der Täter noch am selben Tag gegen 20.30 Uhr.

GRAUSIGE BILANZ 380 Kinder und acht Lehrerinnen hatten sich zum Zeitpunkt der Tat in der Schule aufgehalten. Acht Schüler und zwei Lehrerinnen wurden getötet, 28 Schülerinnen und Schüler schwer verletzt. Einige Passanten brachten sie in ihren Autos in die umliegenden Krankenhäuser, wo einige der verletzten Kinder bis zu einem Jahr behandelt wurden, so schwer waren die Verbrennungen, von den psychischen Folgen gar nicht zu reden, die natürlich ein Leben lang blieben. Das Grauen hatte 20 Minuten gedauert – eigentlich eine kurze Zeit, für die Opfer jedoch eine Ewigkeit.

DAS SCHULGELÄNDE HEUTE Bereits eine Woche nach dem Attentat wurden die Holzbaracken abgerissen. Heute befindet sich an deren Stelle der Musterbau eines Dachsegmentes des Museums Ludwig, um darin den Lichteinfall und dessen Wirkung auf Gemälde zu testen. Eigentlich hätte er nach diesen Tests wieder demontiert werden sollen, wurde dann aber ab 1983 von Künstlern als Atelier genutzt. Doch auch das ist seit 2018 zu Ende, da dringende Einsturzgefahr besteht. Eine Gedenktafel, die an diesen tragischen Vorfall erinnert, findet sich am alten Schulgebäude, einem roten Backsteinbau, der schon von Weitem sichtbar ist – das einzige alte Haus inmitten der umstehenden Gebäude einer Neubausiedlung, in der heute viele junge Familien mit Kindern wohnen.

Dieses Tor verkeilte Walter Seifert von innen, damit keiner fliehen konnte.

Literatur-Tipp

Wer sich noch näher mit den Hintergründen dieses und anderer spektakulärer Mordfälle beschäftigen möchte, dem sei das Buch *Mordmethoden – Ermittlungen des bekanntesten Kriminalbiologen der Welt* von Mark Benecke (Bastei Lübbe Verlag) empfohlen. Allerdings ist es keine Lektüre für zartbesaitete Gemüter angesichts der beschriebenen Grausamkeiten, zu denen Menschen leider in der Lage sind.

29

DER »DODEMANNSORTH«

St. Amandus – auf den Spuren einer Legende

Eine kleine Kirche mit weiß-rosa gestreiftem Gemäuer steht idyllisch mitten in einem Naturschutzgebiet im nördlichen Stadtteil Rheinkassel. Doch als wir an einem verregneten Sonntagnachmittag an St. Amandus vorbeigehen und einen sonderbaren Totenkopf im Mauerwerk entdecken, ist unsere Neugier geweckt.

Adresse Amandusstraße 2, 50769 Köln **GPS** 51.040836, 6.935809
Anfahrt Mit der Buslinie 121 bis Rheinkassel

Um die kleine Kirche St. Amandus im Stadtteil Rheinkassel rankt sich eine düstere Legende.

GRUSELIGER ANBLICK Eigentlich könnte man die Kirche St. Amandus als Schmuckstück inmitten der beschaulichen und weiten Rheinauen bezeichnen. Doch sie ist auch eine Ort des Erschauerns: Auf der linken Seite der Westfassade, an der sich auch die Hauptpforte befindet, blickt aus etwa zwei Meter Höhe ein dunkler Totenschädel, der schon von Moos überzogen ist, auf den Betrachter herab. Die tief liegenden Augenhöhlen stehen eng zusammen, und obwohl die Mundwinkel leicht nach unten zeigen, scheint er dennoch hämisch zu grinsen. Über seine rechte Gesichtshälfte zieht sich eine tiefe Furche, wie von einem Säbel herbeigeführt. Man schreckt unwillkürlich zurück. Wer ist das? Warum wurde er an dieser Stelle eingemauert? Und möchte man das alles wirklich wissen?

DER KLEINE DOM Die beiden quadratischen Türme, die das Kirchenschiff umrahmen, wirken fast herrschaftlich. St. Amandus thront auf einem kleinen Hügel mitten in den Rheinauen. Sonntagsmessen werden dort allerdings schon seit Längerem nicht mehr abgehalten, nur noch alle zwei Wochen findet am frühen Samstagabend eine Andacht statt. Und doch hat dieser Ort etwas magisch Anziehendes. Betritt man die kleine Kirche durch ihre mit schweren Eisenornamenten verzierte Eingangspforte, über der ein steinerner Bischof im Schutze eines kleinen Daches, in der Hand eine Kirchenminiatur, wacht, gelangt man in ein düsteres, kahles Inneres; keine Malereien, die kleinen Fenster sind schlicht gehalten und lassen kaum Licht ins Kirchenschiff; ein Moment zum Innehalten …

ORT DER TOTEN Der Legende nach landeten hier, als der Rhein noch breiter und voller Inselchen war, unzählige Leichen an, offenbar waren die seinerzeitigen Boote an

Die Figur über der Türe hält einen Stab und das Modell eines Kirchengebäudes.

dieser Stelle des Flusses sehr schwer zu navigieren. Deshalb wurde die Kirche lange Zeit auch »Zum Dode Mann« genannt. Auf einer Landkarte aus dem 17. Jahrhundert soll die Stelle sogar mit »Dodemannsorth« verzeichnet worden sein. Doch damit nicht genug. Mit der Kirche St. Amandus in Köln-Rheinkassel ist noch eine weitere, ganz besondere Geschichte verbunden: Zwischen

Vom Rhein aus gesehen, erinnert die Kirche mit ihren zwei Türmen an ihre Schwesterkirche St. Gereon.

den vielen Leichen, die man während all der Jahrhunderte aus dem Rhein zog, befand sich wohl auch die Wasserleiche eines Selbstmörders, der ein Testament und jede Menge Gold in seinen Taschen hatte. Im Testament soll der Mann seine Finder angewiesen haben, ihn am Fundort zu begraben und mit dem Gold eine Kirche an ebendieser Stelle zu errichten. Sind es vielleicht die Überreste dieses Selbstmörders, die einem von der Westfassade entgegenblicken? So viel zur Legende …

KNOCHENFUNDE Die historischen Fakten reichen noch weiter zurück in die Vergangenheit. Bei Grabungen, die das Römisch-Germanische Museum im Zuge der umfangreichen Renovierungsarbeiten in den Jahren 1970 bis 1981 verantwortete, konnten Fundamente einer bereits im 11. Jahrhundert errichteten Saalkirche freigelegt werden, die offensichtlich im 12. Jahrhundert noch um drei Meter erhöht wurde. Der heute noch erhaltene Westturm stammt aus dem Jahr 1200, wurde aber im 17. Jahrhundert um ein Geschoss verkleinert. Das Gereonsstift, dem die Kirche seit 1156 gehörte, nahm im 13. und 14. Jahrhundert weitere umfangreiche Veränderungen vor: Es ließ zwei Seitenschiffe erbauen, der Chor wurde aufwendig ausgebaut und zwei Flankentürme wurden ihm angegliedert, die denjenigen der Stiftskirche St. Gereon nachempfunden waren. Das heute noch vorhandene Gewölbe stammt ebenfalls aus dem 17. Jahrhundert. Die Ausgrabungen gaben im Übrigen der Legende vom »Dode Mann« weiteren Auftrieb, fand man doch weitere Menschenknochen und -schädel unter dem Mittelschiff, eine Gruft für zwei Tote unter dem Chor und zwei römische Särge unter der Sakristei. Der Friedhof wird auf ein Alter von mindestens 1100 Jahren geschätzt. Doch noch haben die Historiker nicht alles ermittelt. Es bleibt also weiter spannend um die rosa-weiße Kirche direkt am Jakobsweg … und den rätselhaften Totenkopf im Gemäuer.

Zurück in die Vergangenheit

Das Römisch-Germanische Museum zeigt noch mehr archäologische Funde rund um die Stadt Köln aus allen Epochen (roemisch-germanisches-museum.de). Dessen Gebäude selbst steht über den Grundmauern einer römischen Stadtvilla, deren großartiges Mosaik man auch durch ein riesiges Fenster von der Domplatte aus bewundern kann. Zurzeit (Stand Mai/2023) ist das Museum allerdings wegen Umbaumaßnahmen in einem Ausweichquartier untergebracht.

Auf der linken Seite der Westfassade prangt der Totenkopf in etwa zwei Meter Höhe.

Das Haus Fühlingen ist nicht nur bekannt für wilde Partys, sondern auch für unzählige Graffitis.

30

WELCHES GESPENST SUCHEN SIE DENN?

Die Geistervilla »Haus Fühlingen«

Muss es ein schlechtes Omen sein, wenn ein Haus auf einem ehemaligen Schlachtfeld gebaut wird? Im Fall der Villa Oppenheim scheint es so gewesen zu sein. Sie wurde zum Tatort mehrerer Selbstmorde – und auch Gespenster sollen sich hierhin regelmäßig verirren.

Adresse Neusser Landstraße, 50769 Köln **GPS** 51.031399, 6.906205
Anfahrt Mit der Buslinie 120, 123 bis Haus Fühlingen

KÖLN VS. DÜSSELDORF Am 5. Juni 1288 fand sowohl auf dem als auch rund um das Gelände der Villa Oppenheim die Schlacht zu Worringen statt. Schätzungen zufolge kamen dabei mehrere Tausend Menschen grausam zu Tode. Und eine Legende erzählt, dass diese Schlacht auch die Feindschaft der Düsseldorfer und Kölner begründete, denn Düsseldorfer Bauern hätten dabei den Kölner Erzbischof gestürzt – was historisch allerdings so wohl nicht ganz stimmt. Vielmehr kämpften die Kölner Bürger selbst gegen ihren Erzbischof. Erst als sie zu verlieren drohten, kamen ihnen besagte Düsseldorfer (»bergische«) Bauern zu Hilfe im Kampf gegen den Kirchenmann, den sie trotz zahlenmäßiger Unterlegenheit besiegten. Düsseldorf bekam dadurch seine Stadtrechte, und auch Köln wurde wieder frei. Mehrere Tage soll es gedauert haben, die völlig verstümmelten Menschen zu begraben.

DIE URSPRÜNGE DER GEISTER Wir springen ins Jahr 1884. Damals erwarb der Bankier Eduard Freiherr von Oppenheim 186 Hektar dieses blutdurchtränkten Landes. Das Geld, welches die Gemeinde Fühlingen dafür bekam, soll für den Bau der Kirche St. Marien gedient haben. Der Adelige ließ eine Villa, ein Gestüt sowie eine Pferderennbahn bauen, musste jedoch schon bald feststellen, dass das Gelände für den Pferdesport gar nicht geeignet war. Ob es am durchseuchten Boden lag oder andere Ursachen hatte, kann nicht mit Sicherheit gesagt werden. Jedenfalls verkaufte der Bankier im Jahr 1907 das Gelände schließlich wieder. Von der Rennbahn ist heute auch keine Spur mehr zu finden. Die nachfolgenden Besitzer ließen das Gelände teilweise ausbaggern und holzten rundherum alles ab. Mit deren Erwerb zog nun allerdings auch das Unglück in die Villa ein. Während der Zeit des Nationalsozialismus diente die alte Villa als

↓ Blick durch das Fenster auf das Wellblechdach des Seitentraktes

↘ Die bodentiefen Fenster sind ungesichert und stellen eine große Gefahr dar.

Skurril wirken das verrostete Rad und das Zahnrad einer alten Maschine.

Schlaflager für Zwangsarbeiter. Einer Überlieferung zufolge soll im Jahr 1943 der 19-jährige polnische Arbeiter Edward Margot ein Verhältnis mit der Tochter des damaligen Gutsbesitzers gehabt haben. Als dieser davon Wind bekam, meldete er es der Gestapo, die den Polen unweit der Villa erhängte. Die Tochter berichtete später allerdings, Margot habe sich ihr nie unsittlich genähert. Sein Geist soll heute noch durch das Gemäuer streifen, auf der Suche nach seiner Geliebten. Nach dem Krieg lebte ein ehemaliger NS-Richter mit seiner Familie in der Villa. Er verkaufte das Anwesen an die Stadt Köln, behielt allerdings ein lebenslanges Wohnrecht. 1962 erhängte er sich im zweiten Stock des Hauses, die konkreten Gründe sind nicht bekannt. Lange noch lebte seine Witwe allein in der Villa, bis sie im Jahr 2000 in einem Altenheim verstarb. Bereits im Jahr 1967 hatte die Stadt Köln die Reithalle sowie seitliche Teile des Hauses abreißen lassen, sodass der Seitenflügel unbewohnbar wurde, Türen und Fenster waren zugemauert. Während also die alte Dame noch im Haupthaus wohnte, verkam das Gebäude immer mehr und mutierte langsam zur heutigen »Geistervilla«. Zu diesem Narrativ trugen auch noch folgende Geschichten bei: Im Jahr 1973, als erneut Arbeiten am Haus stattfanden, sollen dort ein VW und ein Mercedes eingemauert worden sein. Und im Jahr 2007 fanden einige Jugendliche im zweiten Stock einen erhängten Mann.

GÄNSEHAUTMOMENTE Steht man heute vor der alten Villa direkt an der Landstraße gegenüber dem Fühlinger See, blickt sie einem traurig und einsam, fast vorwurfsvoll aus leeren Fenstern entgegen. Täglich fahren viele Menschen an dem verfallenen, offen stehenden Tor vorbei. Aus den Mauerritzen bahnen sich Pflanzen ihren Weg, etliche Steine haben sich, teils durch Vandalismus, teils durch natürlichen Verfall, aus dem Mauerwerk gelöst. Vom Tor aus hat man einen guten Blick auf die Veranda mit ihren fünf Bögen, die einmal sehr imposant gewirkt haben muss. Heute ist sie mit Graffitis übersät, Daisy und Donald grinsen von den Wänden. Als wir das Innere betreten, verstärkt sich das mulmige Gefühl, das uns von Anfang an beschlichen hat. Dem Treppenhaus fehlt das Geländer, der Aufstieg ist deshalb äußerst gefährlich, zumal die Treppe selbst einsturzgefährdet wirkt. Die Ziegelwände, von denen der Putz längst abgeblättert ist, verstärken diese Sorge ungemein. Der gekachelte Boden lässt die ehemalige Pracht nur mehr erahnen. Im ersten Stock sind noch Gitter vor den bodentiefen Fenstern angebracht, im zweiten blickt man jedoch ohne den Schutz einer Brüstung direkt in die Tiefe, nur wenige Fenster sind zugemauert. Der Blick hinaus auf den wellblechbedachten Seitentrakt ist fast noch trostloser. Das Dach ist auf rostigen Trägern montiert, und Bäume wachsen in alle Richtungen durch das Wellblech. Hier können zumindest keine gefährlichen Trümmer mehr von oben herabfallen. Einige Besucher meinen wohl, den Vorgarten als Müllhalde missbrauchen zu müssen, so hoch türmen sich Schutt und Müll vor dem Haus. Seitdem die Villa zur Gänze leer steht, ist sie Anziehungspunkt für Schaulustige, die hier nach Geistern suchen oder sonstige Gruselmomente erleben wollen. Berichte über beklemmende Gefühle oder Verwesungsgeruch machen zunehmend die Runde. Daneben kommt es vor, dass hier Partys veranstaltet werden, obwohl das gesamte Gelände in Privatbesitz und das Betreten strengstens verboten ist. Man kann also nur hoffen, dass bald jemand gefunden wird, der sich des altehrwürdigen Gebäudes erbarmt und allen echten oder erfundenen Geistern endlich die wohlverdiente Ruhe beschert.

Für Reggae-Fans

Seit 1996 findet immer im Juli ganz in der Nähe, am Fühlinger See, das »Summerjam Festival« statt, zu dem Tausende Reggae-Fans aus aller Welt anreisen (sumerjam.de), denn es ist eines der größten Reggae-Festivals Europas. Neben zwei Bühnen, auf denen die Künstler spielen, gibt es auch einen Basar sowie eine Dancehall.

↓ Zugemauerte und ausgebrochene Fenster – aus dem Mauerwerk wachsen Bäume.

↘ Von der Straße aus hatte man einst einen ehrwürdigen Anblick auf die Villa.

31

LEERE STATT LEHRE

Die verlassene Gemeinschaftshauptschule Worringen

Eine ehemalige Schule mit einem völlig zugewachsenen Hausmeisterhäuschen verfällt mitten im Kern des Kölner Stadtteils Worringen. Diente sie vorübergehend noch als Filmkulisse, wird sie nun offenbar endgültig der Natur überlassen.

Adresse Holzheimer Weg 34, 50769 Köln **GPS** 51.061351, 6.855529
Anfahrt Mit der S-Bahn S11 bis Worringen (von dort 15 Minuten Fußweg); mit der Buslinie 120, 123 bis Hackhauser Weg

Den Schulhof holt sich die Natur bereits zurück. Dennoch: Aus der Ferne könnte man meinen, das Schulgebäude sei noch in Betrieb.

ÜBERWUCHERT Zwischen dem Neubaugebiet im Krebelsfeld und dem Ortskern von Worringen stolpert man zunächst über ein vollkommen zugewachsenes Haus. Erst später bemerkt man, dass dies wohl das Hausmeisterhäuschen für die angrenzende Schule gewesen sein muss – die ehemalige Gemeinschaftshauptschule Worringen. Drei Schulgebäude und eine Turnhalle stehen verloren mitten im dörflich geprägten Kern zwischen Wohnhäusern und der Taverne Worringer Hof. Das meterhoch wachsende, teilweise dornige Gebüsch des Hausmeisterhäuschens versperrt den freien Blick auf das kleinste Gebäude des Schulkomplexes, der aussieht, als wäre er Hals über Kopf verlassen worden. Der Zugang wurde nur spärlich mit Stacheldraht verhangen, im Vorgarten steht noch ein Kerzenleuchter, die Rollläden sind teilweise nur halb herabgelassen. Doch ein Weg zwischen dem kleinen Eingangstor, an dem noch ein Hinweis auf eine Alarmsicherung und Videoüberwachung angebracht ist, und der Haustür ist nicht mehr erkennbar. Im dicken Gestrüpp stehen plötzlich – ohne erkennbaren Zweck – zwei Zäune, die nichts abtrennen, einer aus Holz, ein weiterer aus rot angestrichenem Eisen.

DIE VERLASSENEN KLASSENZIMMER
Drei rote Backsteingebäude mit großflächigen Fensterfronten standen offensichtlich für Klassenräume zur Verfügung. Erst auf den zweiten Blick erkennt man, dass auch sie seit Jahren nicht mehr genutzt werden. Einige Fenster stehen offen und vermitteln einen lebendigen Eindruck, andere hingegen sind eingeschlagen, und sobald man durch die Fenster in die Räume blickt, wird das Ausmaß der Verwüstung deutlich. Eine geordnete Räumung des Gebäudes hat hier wohl nicht stattgefunden, die Tische und Regale sind zum Teil lediglich verrückt. Von den Decken hängen die Vertäfelungen weit in die Klassenräume hinein, und eine Begehung dürfte problematisch zu sein, zu groß scheint die Gefahr, von herabfallenden Teilen verletzt zu werden. Im Untergeschoss sind die Fenster mit Holztafeln verschlossen, auch ein Zwischengebäude sowie eine Seite des Hausmeisterhäuschens wurden damit komplett verkleidet. Das Holz hat sich längst stark verbogen, und die Vertäfelung muss bereits mehrfach nachgebessert worden sein, wie die eineinander überlappenden Holzplatten vermuten lassen. Der Putz bröckelt ab oder ist stark grünlich verfärbt, die Wände sind innen und außen beschmiert, ein Spaßvogel fordert per Graffiti »Mach ka-

Durch ein eingeschlagenes Fenster blickt man in die Sporthalle.

putt!« auf, während sich an anderer Stelle der Hinweis auf den ehemaligen Sachbeschädigungsparagrafen »126!« findet. Vor dem Gebäude stehen zwei ungenutzte Fahnenmasten. Auf beiden Schulhöfen erkennt man inzwischen deutlich die einzelnen Betonplatten, die sich wie tektonische Platten unabhängig voneinander bewegen und mit Moos und anderem Grünzeug verziert sind. Aus den Zwischenfugen wachsen kleine Sträucher, überall auf dem Gelände stehen einzelne Stühle verstreut. Am Versorgungsgebäude ist ein Metallschacht aufgebogen, nach oben ragen rote Plastikrohre ins Nichts.

BLICK IN DIE SPORTHALLE Ein großes eingeschlagenes Loch in einem Fenster der Sporthalle lässt den Blick ins Innere der Halle zu. Schwarze Linienführung lässt die Begrenzungen eines Basketballfeldes erkennen, die weiße verweist auf ein Badmintonfeld. Der Boden ist allerdings extrem abgenutzt und mit Glassplittern der eingeschlagenen Fenster und herabgefallenen Teilen übersät. Das Gestell, an dem die Basketballkörbe befestigt werden, ist noch vorhanden, die Körbe selbst fehlen. Von einem der Gestelle hängt ein Strick herab – es sieht aus, als hätte sich hier jemand erhängt (alle diesbezüglichen Recherchen blieben aber ergebnislos). Ein einzelner Stuhl steht am Spielfeldrand – ganz sicher keiner, der zu Betriebszeiten in einer Sporthalle verwendet worden wäre. Die Geräteräume stehen offen, Sportgeräte sind aber keine mehr vorhanden. Nur noch ein kleines Schränkchen und eine Plastikkiste sind übrig geblieben. Die Deckenkonstruktion fehlt zur Hälfte.

NUR BEDINGT SANIERUNGSFÄHIG Erbaut wurde die Schule in den Jahren 1962 bis 1964, zunächst als Volksschule, damals streng nach Geschlechtern in eine Jungen- und eine Mädchenschule unterteilt, was die Aufteilung der räumlich deutlich voneinander getrennten Gebäude sowie die separaten Schulhöfe erklärt. Seit 1968 – und noch bis ins Jahr 2011 – diente sie als Hauptschule. Ursprünglich war die Sanierung für die Jahre 2012/13 vorgesehen. Laut Bedarfsplanung sollte die Schule nach Chorweiler umziehen, während die Sportvereine andere Hallen nutzen sollten. Da die Zukunft der Schule aber unsicher war, gab es kaum noch Empfehlungen an Schüler, zur Sekundarstufe I dorthin zu wechseln. Für immer weniger Schüler hätte sich eine Sanierung schließlich kaum mehr gelohnt; vor allem die Heizung wurde von der Stadt Köln für nicht mehr reparaturfähig gehalten, und in der Sporthalle fehlte zudem die notwendige Dämmung. Aus dem vorübergehenden Umzug, der 2012 erfolgen sollte, wurde deshalb der endgültige Auszug ein Jahr davor. Seitdem herrscht dort kein Schulbetrieb mehr. Seither plant die Stadt Köln verschiedene Konzepte mit Wohngebäuden oder eine Kita, während sich verschiedene Initiativen für ein neues Schulgebäude einsetzen.

Im Schulbetrieb

Für die Staffeln 2 bis 8 der RTL-Serie *Der Lehrer* (Erstausstrahlung 2013 bis 2020) wurden die Außenaufnahmen hier auf dem Schulgelände gedreht. Der Schulbetrieb war damals bereits eingestellt, aber die Produktionsfirma sorgte wenigstens für ein gepflegtes Äußeres des Schulgeländes. Auf Google Street View sieht man immerhin noch, wie die Schule während ihres Betriebs im September 2008 ausgesehen hat.

Die Fenster im Untergeschoss sind provisorisch zugenagelt, im Erdgeschoss stehen sie offen.

In Roggendorf verfällt der Traum ehemaliger Hobby-Cowboys, die in Carson City ganze Wochenenden verbrachten.

32

DIE APACHEN KOMMEN

Wilder Westen in Roggendorf

Nein, es ist keine Karnevalsveranstaltung – das Westerndorf gab es tatsächlich: Carson City, direkt an der Ausfahrt Worringen, zwischen Autobahn und Pferdesportverein. Auch wenn die traurigen Reste derzeit nur wenig Wild-West-Romantik aufkommen lassen, planen einige »Cowboys« bereits den Wiederaufbau.

Adresse Worringer Landstraße, 50769 Köln **GPS** 51.045583, 6.837380
Anfahrt Mit der S-Bahn S11 bis Worringen

RUINEN EINES PARALLELUNIVERSUMS

Auf dem Gelände neben dem Kölner Pferdesportverein stehen – weit abgeschirmt vom öffentlichen Leben – die Reste eines wahren Kuriosums. Auf einer großen, eingezäunten Wiese, von Bäumen gegen unerwünschte Blicke geschützt, befinden sich eingestürzte, teilweise auch der Brandstiftung anheimgefallene Holzhütten, die mit viel Fantasie als Zeugen einer goldenen Zeit auszumachen sind. Es handelt sich um die Reste eines Westerndorfs in Köln: ein Saloon, eine Music Bar, mehrere Wohnhütten, das Geschäft des Leichenbestatters Ray Texas und eine Open-Air-Bühne (die Buchstaben »_ecret« lassen wohl auf geheime Veranstaltungen schließen). Am Ende gibt es sogar eine kleine Kapelle, von der ein Wetterhahn traurig auf sein verlassenes Dorf blickt; daneben vermerkt ein Grabkreuz, dass der Sheriff Jack Slater am 8.5.1862 erschossen wurde. Überall ist heute noch erkennbar, mit welchem Eifer die ehemaligen »Bewohner« sich eine möglichst authentische Westernidylle eingerichtet haben. Charlys Fenster waren mit Hufeisen vergittert, an einer weiteren Hütte, vielleicht die des Sheriffs (?), sind Belohnungen für gesuchte Verbrecher ausgelobt. Große Wagenräder alter Kutschen zieren die Frontterrassen einiger Hütten, die Tische sind auf alten Holzfässern montiert. An den Wänden hängen Urkunden zur Erinnerung an ein Western Council im Jahr 1980 oder an das 20-jährige Bestehen des befreundeten Sioux Montana Clubs in Rheinhausen aus demselben Jahr. Und immer wieder Hufeisen … Erkennen lässt sich auch, dass sich einige der ehemaligen Bewohner offensichtlich etwas mehr Komfort gewünscht und einfach einen Wohnwagen mit einer Holzverkleidung versehen haben.

Am Schwarzen Brett setzte der Sheriff Belohnungen für Gesuchte aus.

Eine ehemals gemütliche Veranda –
heute völlig verunstaltet

In der Dorfkapelle fanden sogar Trauungen für die Bewohner von Carson City statt.

BIERERNSTE AUTHENTIZITÄT Mit Karneval hatte das alles aber ganz und gar nichts zu tun. Die Vereinsmitglieder des Carson City e. V. trafen sich nicht nur während der fünften Jahreszeit oder immer mal das gesamte Jahr hindurch, sondern nahmen ihr Doppelleben äußerst ernst. Während die meisten unter der Woche einem geregelten Job nachgingen, frönten sie am Wochenende ihrem Hobby: dem Wilden Westen Amerikas – und das so originalgetreu wie irgend möglich. Man schlüpfte nicht in irgendwelche Cowboy-Kostüme, sondern es war Ehrensache, jedes Detail des Outfits belegen zu können. Jeans waren nicht nur strengstens verpönt, sondern gar satzungsmäßig verboten. Nur so begaben sich die Cowboys meist ab Freitag über das gesamte Wochenende in ihre Westernstadt. Auch diese war möglichst stilecht angelegt. Im Saloon wurde zünftige Country-Musik gespielt, auf der Open-Air-Bühne fanden entsprechende Darbietungen statt, und von Zeit zu Zeit musste ein Cowboy wohl auch im Gefängnis übernachten. In der kleinen Kirche feierten die Dorfbewohner tatsächlich Taufen und Hochzeiten, zu denen Geistliche gerufen wurden. Die zuletzt etwa 20 Vereinsmitglieder aßen regelmäßig dicke Bohnen mit Speck, alternativ auch mal Linsen. Pizza und Pasta kamen nicht auf den Teller. Die Dorfhierarchie war streng geregelt: Der Vereinsvorstand – sprich Sheriff – hatte für Recht und Ordnung in Carson City zu sorgen. Schmuck und Utensilien für ihre Holzhütten bastelten sich die Bewohner notfalls selbst oder suchten sich das Richtige auch gerne auf Trödelmärkten und eBay. Vermutlich wurden einige originale »Schätze« sogar aus Amerika importiert. Gäste – unter den Dorfbewohnern »Zombies« genannt – waren nicht gerne gesehen; man blieb lieber unter sich in Carson City und feierte die Feste, wie sie kamen. Nur einmal jährlich gab es einen Tag der offenen Tür, der gerade für Kinder aus den umliegenden (Zombie-)Orten ein unvergessliches

Erlebnis blieb, durften die Bewohner von Carson City doch originalgetreue Revolver mit sich führen.

DAS JÄHE ENDE Leider tat sich die Ur-Generation schwer, genügend Nachfolger zu finden. Eine jüngere Generation versuchte noch, die Vereinskasse mit Techno-Festivals unter dem Namen »Grünton-Festival« zu füllen. Das letzte wurde im Jahr 2018 veranstaltet –mit Electro, Techno und House mit herausgefilterten Bässen bis 22 Uhr. Dennoch – ganz plötzlich war alles vorbei. Wovor auch immer die Bewohner flüchteten (vermutlich eher Coronaviren als Apachen), sie hinterließen das Gelände, als wären sie mitten in einer großen Party überfallen worden. Halb ausgetrunkene Whisky-Flaschen blieben stehen, die Kühlschränke gefüllt, das Gelände wurde nicht mehr verrammelt. In der Folgezeit fanden deshalb nicht nur wilde Partys von Jugendlichen statt, auch Vandalen sorgten für den weiteren Untergang von Carson City. Die extremen Beschädigungen und Brandschäden stammen aus dieser jüngsten Vergangenheit. Regelmäßige Kontrollgänge der Vereinsoberen über das Gelände sollen nun noch das Schlimmste verhindern, während sie mit der Stadt Köln über eine Verlängerung des Mietvertrages verhandeln – und bereits den Neuaufbau planen. Es ist ihnen von Herzen zu wünschen, dass ihnen das über kurz oder lang gelingen möge!

Wie in Amerika

Wenn Sie jetzt Lust auf ein bisschen Amerika-Feeling bekommen haben: In der Red Fox Bar in Ehrenfeld können Sie sich dem Land im Westen ein wenig näher fühlen (redfoxbar.cologne). Hier stehen alte Spielautomaten aus den 80ern und es kann original American Skee-Ball gespielt werden. Und hier bekommen Sie auch amerikanisches Bier.

Auf dieser Bühne wurde unter anderem für musikalische Unterhaltung gesorgt.

33

DIE GEISTERAUTOBAHN

Die alte Autobahn A4

Der Braunkohletagebau hat unzählige Existenzen, Häuser, ja ganze Dörfer zerstört. Und nun auch ein Stück Autobahn, das zwischen Düren und Kerpen stillgelegt wurde und heute auf direktem Wege zur Abrisskante des Tagebaus Hambach führt.

Adresse Buirer Straße 7, 50170 Kerpen **GPS** 50.893820, 6.612673
Anfahrt Öffentlich nur schwer erreichbar, der nächste Bahnhof in Buir ist eine knappe Stunde Fußmarsch entfernt

Von der Brücke hat man einen hervorragenden Blick Richtung Osten auf den nur noch zum Teil erhaltenen Asphalt.

Die Bäume ranken sich um die Leitplanken, die Natur holt sich ihr Land zurück.

STILLE STATT STAU Wie oft sind wir über dieses Stück der Autobahn A4 Richtung Aachen und wieder zurück nach Köln gefahren? Doch plötzlich war da ein anderes Stück Autobahn, mit zwei Spuren mehr … Im Jahr 2014 hatte ein Teil der A4 zwischen Düren und Kerpen ausgedient; es musste Platz geschaffen werden für die Erweiterung des Braunkohletagebaus Hambach. Ein neues, sechsspuriges Stück Autobahn entstand stattdessen etwa anderthalb Kilometer weiter südöstlich entlang der Stadtbahnlinie. Wo früher also Zehntausende Autos und Brummis Stoßstange an Stoßstange fuhren (oder im Stau standen), ist es heute mucksmäuschenstill; man trifft allenfalls ein paar Spaziergänger mit Hunden, sonst ist man mutterseelenalleine auf der Straße, die sich die Natur nun Schritt für Schritt zurückerobert. Schon von der Brücke aus auf der zum Kart-Club Kerpen-Manheim führenden Landstraße bietet sich ein bombastischer Blick: In Richtung Osten sieht man auf ein weithin verlassenes, aber noch immer befestigtes Teilstück der Autobahn. Nach Westen hin ist der Asphalt bereits abgetragen, die Leitplanken im Mittelstreifen trennen endlose Bahnen aus Lehm und Sand, und am Horizont verschwindet die schnurgerade Autobahn im unendlich erscheinenden Hambacher Loch, aus dem der ein oder andere riesige Braunkohlebagger verschmitzt herauslugt.

WIR GEH'N, GEH'N, GEH'N AUF DER AUTOBAHN Ruhig, aber auch ein wenig gespenstisch ist es hier. Am östlichen Ende des stillgelegten Autobahnabschnittes ist die Fahrbahn noch erhalten geblieben. Die Leitplanken begrenzen die Fahrbahnen weitgehend immer noch, am Ende sind sie aber verknotet, als wäre das zur Absicherung geschehen oder als hätte ein gigantisches Monster sein Spielzeug geknetet. Nur ein einziges Verkehrsschild steht noch einsam im Mittelstreifen – wahrscheinlich wurde es vergessen. Ironischerweise weist es auf Gegenverkehr hin. Wo bitteschön sollte der denn früher hergekommen sein? Heute wirkt das Schild geradezu absurd. Die Fahrbahnmarkierungen sind neben den Bordsteinkanten teilweise noch erhalten, ein schwaches, bröckelndes Weiß auf trostlosem Grau.

Der einzige Farbtupfer ist ein vergessenes Schild, das auf Gegenverkehr hinweist.

Moos bedeckt den Asphalt und dringt durch tiefe Risse, Pfützen bilden sich auf dem unebenen Belag, der bereits stark fragmentiert ist. Das Gebüsch wuchert über die Fahrbahnbegrenzungen, Farn macht sich zwischen und über den Leitplanken breit, eine Leitplanke führt sogar zwischen den Ästen eines Baumes hindurch. Ein anderer Baum ist umgefallen und hat dabei eine Leitplanke aus der Befestigung gerissen, an anderer Stelle erledigen dies gegen die Planken wachsende Bäume. Große Metallschrauben ragen aus dem Beton heraus und zeigen, wo und wie die Leitplanken einst befestigt waren, ein Graffiti auf dem betonierten Mittelstreifen unter der Autobahnbrücke weist auf den ehemaligen Straftatbestand der schweren Sachbeschädigung (»126!«) hin, abgebrochene Äste liegen am Fahrbahnrand … Es kümmert niemanden. Hier herrscht endlich wieder die Natur! Gerade im Winter bietet die schneebedeckte Landschaft eine wunderbare Fantasiewelt. Fußspuren weisen auf regelmäßige Besuche von Rehen und anderen Tieren hin, dennoch möchte man sich hier keinen einsamen Spaziergang in der Morgen- oder Abenddämmerung vorstellen.

SPAZIERGANG BIS ZUR ABRISSKANTE In westlicher Richtung kann man nur noch über eine unbefestigte Lehmpiste marschieren, schnurgerade, immer geradeaus, ohne Ende. Vorbei an einem großen roten X, das Braunkohlegegner zwischen den Bäumen im Hambacher Wald aufgehängt haben. Bis die unendlich erscheinende Autobahn unvermittelt endet – im Loch des Tagebaus Hambach. An der Abrisskante angekommen, bietet sich ein imposanter Blick über den Hambacher Tagebau, den größten Braunkohleabbau Deutschlands. Hier soll nach dessen Beendigung der zweitgrößte See Deutschlands entstehen, wenn das Tagebauloch einmal nach einem Zeitraum von 40 bis 80 Jahren geflutet sein wird. Wie Spielzeug wirken die eigentlich monströsen Braunkohlebagger am anderen Ende des Tagebaus, der sich langsam und unwirklich durch die Landschaft frisst.

Das Geisterdorf

Der Ort Kerpen-Manheim, der direkt an der alten A4 liegt, wird schon seit 2012 nach Manheim-Neu umgesiedelt, 70 Prozent der Bevölkerung leben bereits in dem etwa zehn Kilometer entfernten Ort. Nur ein paar leere Häuser stehen noch im alten Teil, ganz wenige davon bewohnt, davor das eine oder andere Auto, ein paar brennende Lichter … irgendwie surreal. Dazwischen ist bereits alles abgerissen, nur die alte Kirche St. Albanus und Leonhardus thront noch über allem. 1898 wurde sie erbaut, und wenn es nach dem Willen einiger Bürger geht, soll sie auch erhalten bleiben. Hier könnten Veranstaltungen oder Ausstellungen stattfinden, die mit den Ortschaften zusammenhängen, die durch den Tagebau verschwunden sind. Momentan sieht die Kirche aber ziemlich gespenstisch aus mit ihren vernagelten Fenstern und der stehen gebliebenen Kirchturmuhr. Die Glocken und alle Gegenstände aus dem Inneren sind bereits in die Kirche von Manheim-Neu gebracht worden. Kerpen-Manheim soll, wie das alte Stück Autobahn auch, noch abgebaggert werden. Es war übrigens der Heimatort Michael Schumachers. Das Haus, in dem er mit seiner Frau gelebt hatte, ist allerdings schon den Baggern zum Opfer gefallen, ebenso das Gemeindehaus, in dem er seine Frau Corinna geheiratet hatte.

Die Kirche St. Albans ist eines der wenigen verbliebenen Gebäude in Kerpen-Manheim, dem Heimatort von Michael Schumacher.

Eine stark heruntergekommene und mit einigen Graffitis versehene Halle auf dem Gelände von Klöckner-Humboldt-Deutz (Kapitel 8)

Das farbenfrohe Eingangsfoyer
im rechtsrheinischen Fort IX (Kapitel 10)

REGISTER

IMPRESSUM

Verantwortlich: Claudia Hohdorf
Lektorat: Helga Peterz
Korrektorat: Christiane Gsänger
Layout: BUCHFLINK Rüdiger Wagner
Covergestaltung: Anna Katavic
Layout- und Reihengestaltung: Mathias Frisch
Kartografie: Bruckmann Verlag GmbH, Heidi Schmalfuß
Repro: LUDWIG:media
Herstellung: Alexander Knoll
Printed in Poland by CGS Printing

★★★★★

Sind Sie mit diesem Titel zufrieden? Dann würden wir uns über Ihre Weiterempfehlung freuen.
Erzählen Sie es im Freundeskreis, berichten Sie Ihrem Buchhändler, oder bewerten Sie bei Onlinekauf. Und wenn Sie Kritik, Korrekturen, Aktualisierungen haben, freuen wir uns über Ihre Nachricht an Bruckmann Verlag, Postfach 40 02 09, D-80702 München oder per E-Mail an lektorat@verlagshaus.de.

Unser komplettes Programm finden Sie unter www.bruckmann.de

Alle Angaben dieses Werkes wurden von den Autoren sorgfältig recherchiert und auf den neuesten Stand gebracht sowie vom Verlag geprüft. Für die Richtigkeit der Angaben kann jedoch keine Haftung übernommen werden, weshalb die Nutzung auf eigene Gefahr erfolgt. Insbesondere bei GPS-Daten können Abweichungen nicht ausgeschlossen werden. Sollte dieses Werk Links auf Webseiten Dritter enthalten, so machen wir uns die Inhalte nicht zu eigen und übernehmen für die Inhalte keine Haftung.
In diesem Buch wird aus Gründen der besseren Lesbarkeit das generische Maskulinum verwendet. Weibliche und anderweitige Geschlechteridentitäten werden dabei ausdrücklich mitgemeint, soweit es für die Aussage erforderlich ist.

Empfehlung der Redaktion Sie sind auf der Suche nach weiterführender Literatur? Dann empfehlen wir Ihnen den Titel »Lost & Dark Places Eifel« von Heike Pander.

Bildnachweis Alle Bilder im Innenteil stammen von Bettina Sons und Manuel Jansen mit Ausnahme von S. 28–31: Anne Colonia; S. 16, 19: picture alliance/Bildarchiv Monheim/Florian Monheim

Umschlagvorderseite: Grabfigur auf dem alten Decksteiner Friedhof (Kapitel 22)
Umschlagrückseite: Tribüne des Alten Stadions im Weidenpescher Sportpark (Kapitel 26)

Die Deutsche Nationalbibliothek verzeichnet diese Publikation in der Deutschen Nationalbibliografie; detaillierte bibliografische Daten sind im Internet über http://dnb.d-nb.de abrufbar.

ISBN 978-3-7343-2474-1